国際人権から考える「日の丸・君が代」の強制

セアート勧告と自由権勧告

「日の丸・君が代」ILO／ユネスコ勧告実施市民会議＊編

同時代社

「日の丸・君が代」ＩＬＯ／ユネスコ勧告実施市民会議とは

この市民組織は、二〇二〇年三月一日、日比谷図書文化館に一六一名が参加して発足しました。目的は、《君が代斉唱の強制や処分を是正しなさい》というセアートからの勧告の実施をめざすこと＝10・23通達を発端とする職務命令・処分体制を撤廃し、都立学校に自由と人権を取りもどすことです。寺中誠（東京経済大学教員）・金井知明（弁護士）・山本紘太郎（弁護士）三人の共同事務局長の下、東京でのさまざまな「君が代」関連裁判の元原告や処分取消五次訴訟原告、支援する市民が参加し、アイム'89東京教育労働者組合と連携しながら活動しています。

発足以降、①セアートへのフォローアップや自由権規約委員会等への何回ものレポート提出、②文科省・都教委との対話集会、③活動を記録・普及するための三冊の冊子の発行、④勧告を多くの人々に知っていただくためのチラシやリーフレット、ニュースの発行、⑤二〇二二年七・二四集会の開催、などの活動をしてきました。また、「教員の地位に関する勧告」（一九六六年）について、⑥ズームでの公開学習会も行いました。これらの活動は支援してくださる方々からのカンパで支えられています。

日本政府は、子どもの学ぶ権利を保障するために必要な教員の権利や教育条件整備を示した教員の地位勧告や、「子どもの権利条約」をはじめ多くの人権勧告を軽視・無視してきています。市民会議は、学校における「教育の自由」「思想・良心の自由」を確立するために、今後もねばり強く活動していきます。

＊目次

まえがき

澤藤統一郎

「卒業式や入学式においては、国旗（日の丸）に向かって起立し、国歌（君が代）を斉唱せよ」という、教員に対する職務命令。従わなければ、厳しい懲戒処分を覚悟しなければなりません。日の丸・君が代に敬意を表明しない者を非国民として排斥した暗いあの時代の出来事ではなく、私たちのこの国で今も毎年繰り返されている、これが現実なのです。

多くの教員が、この理不尽に疑問を感じています。「これは、教員の『思想・良心の自由』の侵害ではないのか」「公権力による思想統制の重苦しさを感じる」「主権者を育てる場での愛国心強制は危険だと思う」「日の丸・君が代と深く結びついた戦前の負の歴史を肯定できない」「教育を国家主義宣伝の道具にしてはならない」などなど…。

しかし、よほど強固な信念を持つ人でなければ処分覚悟での抵抗はできません。結局は、多くの人々が心ならずも起立斉唱を余儀なくされます。そして、このことが繰り返されるうちに、日の丸・君が代強制にさしたる問題もないような空気が漂ってきます。その結果として「強制に服従することへの慣れ」「従順さの育成」「憲法感覚の鈍磨」が、教育現場にはびこることになります。

かつて江戸幕府の官僚は、危険な信仰の弾圧手法として「踏み絵」を発明しました。「踏み絵」の強要は、聖なる絵を踏めない人だけでなく、心ならずも踏まざるを得ない人々の心をも鞭打ったのです。さらに、信仰を持たない人々にも、「思想統制に服従することへの慣れ」「権力に対する従順さ」「他人の良心を尊重する感覚の鈍磨」を刷り込み育てました。まさしく、日の丸・君が代強制は、現代の踏み絵です。公権力が教員の良心を鞭打つことで、権力への服従を教えているのです。

多くの教員や支援者が、この間全力でこのような事態の改善を求め続けてきました。懲戒処分を取り消す訴訟も繰り返されて一定の成果を上げてはいます。しかし、私たちは獲得目標としてきた、最高裁での違憲判断を勝ち得ていません。日本の司法は、その本来の役割を果たしていないのです。

そこに今、国連の専門機関から日本の政府に対して、この事態の是正を求める二つの勧告がなされています。その一つが、ＩＬＯ・ユネスコ（セアート）の勧告であり、もう一つが、自由権規約委員会の総括所見です。両者とも、静かに坐っているだけの教員の不起立を「式に混乱をもたらさない消極的な不服従」と理解して、懲戒処分を避けるべきだと言っています。これが国際的な人権原則のスタンダードな理解なのです。私たちの国の人権や民主主義の水準が未熟だという指摘なのです。

この二つの勧告に対する日本政府や教育委員会の対応が問われています。私たちはその完全実施を目指して「市民会議」を発足させました。このブックレットは、市民会議が、日本政府に完全実施を求める立場で作ったものです。一人でも多くの方に手に取ってもらい、何が起きているのか、何が問題なのかを広く知っていただき、人権や民主主義や教育や、そして国内の現実と国際的な水準の落差についてご一緒にお考えいただくよう、お願いいいたします。

第一部
「日の丸・君が代」への国際勧告

■自由権規約委員会第七回日本定期報告審査に係る総括所見（二〇二二年一一月公表）

思想・良心・宗教の自由と表現の自由

38　委員会は、締約国における思想及び良心の自由の制限についての報告に懸念をもって留意する。学校の式典において、国旗に向かって起立し、国歌を斉唱することに従わない教員の消極的で非破壊的な行為の結果として、最長で六ヵ月の職務停止処分を受けた者がいることを懸念する。委員会は、さらに、式典の間、児童・生徒らに起立を強いる力が加えられているとの申立てを懸念する。（第一八条）

39　締約国は、思想及び良心の自由の効果的な行使を保障し、また、規約第一八条により許容される、限定的に解釈される制限事由を超えて当該自由を制限することのあるいかなる行動も控えるべきである。締約国は、自国の法令及び実務を規約第一八条に適合させるべきである。

（「日の丸・君が代」ＩＬＯ／ユネスコ勧告実施市民会議　訳）

日本政府は国連の自由権規約委員会から勧告を受けています

山本紘太郎

国際連合の自由権規約委員会は、二〇二二年一一月三〇日、日本政府に対し、国内の人権問題に懸念を表明し、その改善を勧告しました（以下、単に「勧告」とします）。

そのうち本稿のテーマは、学校の入学式や卒業式などの式典において、やむにやまれぬ事情から国旗に対する起立や国歌斉唱ができない教職員に懲戒処分を科すことや、国旗に対する起立ができない生徒を無理やりに起立させることが、その人の人権を制限して条約に適合していないことから、日本政府が条約を守ることを国際社会から求められているという問題です。

1　勧告は人権状況の改善が必要な場合に出ます

(1)

勧告は、条約上の義務を締約国が履行して条約が実現することを目的として行われるものです。

本稿のテーマである条約は国際人権規約です。民法や契約など国内社会で守るべきルールがあるように、国際慣習法や条約など国際法は国際社会で守るべきルールです。日本は、一九七九年に批准しており、国際人権規約上の権利を尊重し、確保することを国際社会に約束しています。

(2) 国際人権規約には、国内の強制執行のような強制措置は設けられていません。条約の実現を図る仕組みとしては、国家報告制度という国際監督制度が設けられています。国際監督制度は、監督機関が国による義務の履行を監視し、遵守を促す仕組みです。国際人権規約の国家報告制度は、数年に一度・定期的に、条約上の義務の履行状況を示した政府報告書を条約の監督機関（本稿の勧告は、国際人権規約のうち市民的及び政治的権利に関する国際規約〔自由権規約〕によるもので、監督機関は自由権規約委員会です）に提出し、委員会が審査するという制度になります。

委員会は、政府報告書の審査をした後、委員会の報告と適当と認める一般的な性格を有する意見を締約国に送付することになっています。一九九二年以降は、締約国ごとに「総括所見」を出し、上記報告・意見として送付されています。「総括所見」は、「序、積極的側面、主要な懸念事項、勧告」から構成されており、本書の勧告とは総括所見における勧告のことを言います。上記審査は、専門家で構成される委員会が、助言し、条約の遵守に近づけるために締約国に改善を求める場であり、勧告も、締約国に人権状況の改善を求めるものです。

2 日本の教育現場が人権侵害の温床となっています

(1) 自由権規約一八条は、すべての人に思想、良心の自由が保障されることを規定します。思想、良心の自由は日本国憲法一九条も保障しています。私たちが、どのような考え方を持とうと絶対的に自由であり、これを理由に、国家は不利益を課したり、特定の思想を強制したりしてはならないということです。例外的に、自由権規約一八条三項は、思想、良心を外部に表明しようとする場合については制限を課すことができるときがあることを認めますが、例外的に制限を課せるのは非常に限定的な場合に限られています。監督機関である自由権規約委員会は、同委員会が作成した一般的意見22という文書で、例外的に制限を課せる場合の解釈基準を示しています。

(2) しかし、日本政府は、国内の人権状況が自由権規約一八条に適合していないと勧告を受けました。

都立の高等学校や特別支援学校では、入学式や卒業式などの式典において、国歌斉唱の際、国旗向かって起立して、国歌斉唱するという、二〇〇三年に東京都教育委員会が決めたルールがあります（略して「10・23通達」と言われています）。しかしながら、教職員や生徒の中には、出自、歴史認識、教育上の信念、健康上の問題など様々な理由で、どうしても国旗に向かっての起立や国歌斉唱ができない人がいます。日本の国旗国歌である「日の丸・君が代」が軍国主義のシンボルとしての役割を果たした歴史や国籍、宗教や健康上の問題など様々な背景を持つ生徒がいる教育現場を見れば、起立・斉唱できない人が居るのは当然です。

しかし、10・23通達を受けて、各学校長は、起立・斉唱できない教職員に対し、職務命令をもって起立・斉唱行為を強制し、職務命令に従えない教職員には東京都が懲戒処分という重大な不利益を科します。教職員には、国歌斉唱の間、ただ静かに着席しているということも許しません。健康上の問題を抱える生徒にも、無理やりに起立させようとしていました。

(3) 自由権規約委員会は、非政府組織（NGO）から上記実態の指摘を受け、日本の政府報告書を審査し、二〇二二年一一月三〇日付の総括所見で、日本政府に勧告を出しました。教育現場で思想、良心の自由の制限があり、自由権規約一八条に適合しない制限が不当に課されているというものです。

教育現場が人権侵害の温床となっているため、日本政府には、条約に適合するよう教育現場での改善を求めています。

3　日本に思想、良心の自由の保障を

日本政府は、同じ問題で前回の審査である二〇一四年にも勧告を受けています。二〇一九年・二〇二二年には、別の国際機関であるＩＬＯ・ユネスコ教職員勧告適用合同専門家委員会（セアート）からも繰り返し勧告を受けています。国際社会からは深刻な人権侵害を指摘され続けているにも拘らず、放置しています。

日本国憲法前文、同法九八条二項は国際協調主義を規定し、国際協調の精神は教育の目標の一つでもあります。勧告を受けた日本政府はもちろんのこと、教育委員会、地方自治体、校長、教職員など教育関係者は、人権状況の改善に努めなければなりません。問題の解決方法の一つは、右記二〇一九年に出たセアートからの勧告で示されています。教育関係者が対話し、国旗掲揚や国歌斉唱に参加したくない教職員に対応できるルールを決めることです。国歌斉唱の際にただ静かに座る教職員に懲戒処分を科すことは直ちに止めるべきですし、障がいのある生徒や教職員への対応もすべきです。

国際社会は、日本が条約を履行し、思想、良心の自由が保障されることを求めています。

日本政府と東京都教育委員会の対応

吉野典子

日本政府の対応

二〇二〇年以来、私たちは教職員勧告適用合同専門家委員会（ＣＥＡＲＴ）勧告の速やかな実施を求めて、質問書の提出や対面での交渉を一〇回まで重ねてきました。しかし、文部科学省は東京都・大阪府・大阪市の各教育委員会に勧告（英文）をメールで送付しただけで、日本語に翻訳して全国の教育委員会に送るように求めても、まったく応じません。日本政府は二〇一九年のＩＬＯ総会における基準適用委員会で「今回のＣＥＡＲＴの報告書では、必ずしも我が国の実情や法制を十分斟酌しないままに記述されているところがある」と不満を述べており、勧告を真摯に受け止めていません。

二〇二二年一〇月一八日「東京新聞」朝刊「こちら特報部」によれば、勧告について取材された初等中等教育企画課堀野晶三課長は「いろんな国から代表の委員が来て、日本の事情なんて分からない」「日本から出張して行って『何とかしてください』と訴えるロビー活動団体の言うことを大体そのまま勧告し、政府の意見は尊重されない。基本的に全部そういう構造がある」と答えています。私たちが発言の真意を追及すると「過去の経験から一般論として記者に話した。ＣＥＡＲＴを念頭に置いたものではない」と回答しました。一般論だとすれば、国連機関全般を侮る深刻な問題発言です。

二〇二三年二月の交渉では「政府としての主張を必ずしも受け入れていないＣＥＡＲＴの認識や勧告の内容だけが広がっていくおそれがあるため、和訳は行わないこととした」という回答も飛び出しました。「不都合な情報は広めたくない」という本音が端的に表れています。

二〇二二年一一月に自由権規約委員会の勧告が公表されても、文科省の姿勢は変わりません。法律ではない通達で教職員の思想良心の自由を制限することは自由権規約第一八条第三項に違反するので、私たちは「10・23通達」を撤廃するように東京都に是正要求を出すことを求めました。ところが、文科省は「最高裁判決でも制約を許容しうる程度の必要性・合理性が認められているので、規約第一八条の趣旨に反するものではない。是正要求は行わない」と回答してきました。しかし、第三項は制約を許容しうる要件を厳格に定めており、起立斉唱の強制はいずれの要件にも該当しません。法律によらない制約は第三項に反すると重ねて追及しても「我が国の実情と法制に於いては問題ないと考えている」と答えます。「国際基準に反する」と指摘され、是正を求められているのに「最高裁判決で認められている。我が国では問題ない」と抗弁するのは論理的に破綻しています。日本は人権規約を批准し、国際基準の遵守を国際社会に約束しています。約束を反古にすることは許されません。

東京都教育委員会の対応

私たちは教育庁指導部とも二度にわたって面談しています。ＣＥＡＲＴ勧告にどう対応するのか尋ねると「勧告は政府に宛てられたもので、都教委には文科省から情報提供として送られてきただけなので、見解を述べる立場ではない。情報提供があったという事実は庁内で共有しているが、英文の勧告を読んだかどうかは回答できない。日本語訳を行う予定はない」と、当事者意識を欠いた回答を繰り返すだけでした。「政府が『我が国の実情と法制を斟酌していない』と不満を表明している勧告に、真面目に対応する必要は無い」と考えて、無視を決め込んでいるとしか思えません。

自由権規約委員会の勧告については、二〇二二年一一月の面談で「国から正式に我々の方には来ていない。検討はしている」と答えました。私たちから三点要請したところ、翌年一月に「教育委員との話し合いは不可能。自由権規約第一八条違反という指摘は知っているが、日本に対する指摘なので庁内で検討はしない。10・23通達の撤回に向けた検討は行わない」と、不誠実な回答がありました。

二〇二三年三月一四日の都議会文教委員会で、とや英津子都議がCEART第一四会期報告書を受け取った部署と教育委員会内での扱いを質問すると、吉村美貴子人事部長は「文科省から人事部職員課に提供され、関係部署に共有している」と答えるのみで、教育長や教育委員とは共有したかと尋ねても同じ回答です。届いた英語版を翻訳したか、パラグラフ一七二、一七三の内容を示してほしいと求めると、小寺康裕指導部長は「勧告は都教委に宛てられたものではなく、見解を述べる立場にない」「送られてきた事実は共有しているが、一人一人が内容を読んでいるか把握していない」と、従前の回答を繰り返すのみでした。自由権規約委員会勧告のパラグラフ三八についても、指導部長は「政府から連絡を受けておらず、確認しておりません」と答え、勧告を頑なに無視し続けています。

人権の最後の「とりで」にならない裁判所

金井知明

はじめに

日本は、国連機関から、国歌の起立・斉唱の強制をやめることを求められています。国歌の起立・斉唱を強制することは、思想・良心の自由を侵害するからです。二〇一九年に国連教育科学文化機関（ユネスコ）と国際労働機関（ＩＬＯ）が、二〇二二年に国連自由権規約委員会が、日本に対して、是正を求める勧告を行いました。ユネスコとＩＬＯは、二〇二二年にも再び勧告を行っています。

日本における国歌の起立・斉唱の強制は、二〇〇三年から二〇年も続いています。強制が続いている理由は、国連機関から是正勧告を受けても、教育委員会が強制をやめないからです。ただ、問題は教育委員会だけではありません。教育委員会の強制を許してきた裁判所にも責任はあります。裁判所が、人権の最後の「とりで」の役割を果たさなかった結果、強制が続いてしまっているのです。

起立・斉唱の強制を許した最高裁判所

二〇一一年、最高裁判所は、卒業式などの公立学校の式典で行われている、教職員に対する国歌起立・斉唱の強制について、教職員に起立・斉唱を命ずる職務命令は憲法一九条に違反するものではないとの憲法判断を行いました。判決は、国歌の起立・斉唱を命ずる職務命令が、思想・良心の自由を「間接的に」制約すると指摘し、人権の制約にあたることは認めました。しかし、その一方で、起立・斉唱行為は式典における「慣例上の儀礼的な所作」であるとして、教育上の行事にふさわしい秩序を確保して式典の円滑な進行を図ることが必要であることを理由に、国歌の起立・斉唱を強制する職務命令は、思想及び良心の自由を侵すものではなく、憲法一九条に違反するとはいえないとしました。

また、最高裁判所は、二〇一二年に、職務命令違反に対して、懲戒処分をすることを許容する判決を行いました。減給処分以上の処分を行うことについては、慎重な考慮が必要として、一定の制限をしました。しかし、戒告処分を行うことについては、裁量権の逸脱・濫用にはあたらないと判示し、戒告処分の取消を求めた教職員らの訴えを認めませんでした。

これらの最高裁判決においては、二名の裁判官が反対意見を述べています。また、強制を認める判断をした裁判官一二名のうち九名が補足意見を述べています。

反対意見を述べた宮川光治裁判官は、憲法は個人の多様な思想及び生き方を尊重し、少数者であってもその思想・良心に反する行為を強制することを許容していないとします。そして、職務命令が合憲かどうかについては、もっと厳しい基準で審査をすべきと指摘しました。また、戒告処分であっても懲戒処分を科すことは，重すぎるので、裁量権の逸脱・濫用にあたり是認できないとしました。

各補足意見の内容も、国歌は、本来は強制すべきものではないことや、懲戒処分を行っても問題の解決につながらないことを指摘し、教育委員会に「慎重な配慮」や「謙抑的な対応」を求めるものでした。このような補足意見を述べるのであれば、そもそも強制を許さないとの判決を出せばよかったのではないでしょうか。

最高裁判所は、結論として、起立・斉唱を強制する職務命令を合憲と判断し、職務命令違反に懲戒処分を行うことを許しました。その結果、起立・斉唱の強制が、二〇年も続くこととなったのです。最高裁判所は、人権の「とりで」としての役割を果たせなかったのです。国連機関から是正勧告を出されるにいたったのは、教育委員会による人権侵害を容認した裁判所の責任も大きいのです。

勧告を踏まえた判決を

国歌を斉唱するということは、歌に込められた政治的思想などを受け入れる意味があります。斉唱を強制することは、政治的思想などの強制につながりかねません。民主主義国家においては、様々な意見・思想を持った人が話し合ってものごとをきめていくのが決まりです。国連機関が、国際基準により判断すれば、国歌の起立斉唱を強制することは許されないとして、是正勧告をしたのも当然です。

裁判所は、国連機関の勧告を踏まえて判決をするべきです。そして、「国民の権利を守る」という本来の役割を果たさなければなりません。

戦後教育のなかの「日の丸・君が代」と10・23通達

渡辺厚子

戦後の学校における「日の丸・君が代」

日本では戦後、文科省によって学校に意図的に「日の丸・君が代」が持ち込まれ、国家シンボルへの敬愛行為が強制されてきました。やり方は巧みです。学習指導要領を根拠にして、それを少しずつ変え、「国旗国歌」を敬い起立斉唱することは義務だと刷り込んだのです。またスポーツ等を通じ「みんながやっている」と同調を求め定着を図りました。しかし義務付けは国際常識ではありません。文部省（当時）資料（一九九九年九月）では諸外国で義務付けしているのは中国のみです。

敗戦直後GHQは天皇賛美や軍国主義的教育を禁じました。「日の丸」はGHQの許可を得て掲揚する許可方式となり、国会では教育勅語の失効を決議しました。戦争賛美等の箇所を墨塗りした教科書が使われ、天皇制教育に重要だった学校儀式（四方拝、紀元節、天長節、明治節）はなくなりました。

ところが一九四八年いわゆる逆コースが始まります。朝鮮戦争に向かい、アメリカは日本を反共の砦と位置付けるようになったのです。民主的改革は後退し、教育も保守傾向が強まります。学習指導要領は一九四七年に「試案」として発表され教師の参考書とされたものですが、一九五八年に官報「告示」となり、文科省はこれをもって内容全体に法的拘束力があると言うようになりました。この年「日の丸・君が代」が初めて「国民の祝日などにおいて儀式などを行う場合には，児童に対してこれらの祝日などの意義を理解させるとともに、国旗を掲揚し，君が代を斉唱させることが望ましい」と書き込まれました。一九七七年には「君が代」は「国歌」と明記されました。国旗国歌法成立の二二年も前のことです。学習指導要領は愛国心教育・戦前回帰に重要な役割を果たします。

一九八五年文部省（当時）は都道府県に対して、入学式及び卒業式において国旗の掲揚や国歌の斉唱を行わない学校があるので、その適切な取り扱いについて徹底すること、と通知を出しました。そして掲揚斉唱の「不完全実施状況」を全国調査し結果を公表、実施率一〇〇%になるよう圧力をかけました。一九八九年には多くの反対を押し切り、学習指導要領「国旗国歌条項」を「入学式や卒業式などにおいては，その意義を踏まえ，国旗を掲揚するとともに，国歌を斉唱するよう指導するものとする」と変えました。以後文科省は、これで「義務化した」と言うようになりました。

八九年改定のもう一つの大きな変化は、「国民の祝日などにおいて」が、「入学式や卒業式などにおいて」と変えられた点です。ここから毎年、卒・入学式での「日の丸・君が代」をめぐる争いとなり、八九年以降全国で約一〇〇〇名の教員が処分されています。

一九九九年には国旗国歌法が強行成立します。法律には「日の丸」と「君が代」の規定しか書かれていないのに、成立を機に東京では式会場に「日の丸・君が代」が入りました。

保守層は五〇年をかけて「学習指導要領」をてこに、教育現場に「日の丸・君が代」起立・斉唱を復活させました。この大きな流れの中に「10・23通達」があります。

東京の10・23通達

みなさんは、「10・23通達」という言葉を聞かれたことはありますか。「10・23通達」とは、二〇〇三年一〇月二三日、東京都教育委員会（都教委）が、石原都知事（当時）の盟友横山洋吉教育長（当時）名で都立高校校長と都立特別支援学校校長に出した通達のことです。

通達には大きく二つのことが書かれていました。一つ、卒業式や入学式は、東京都教育委員会の実施指針通りに行うこと、一つ、教職員は「日の丸」に向かい起立し、「君が代」を斉唱すること、しなければ服務上の責任を問われること。同時に出された実施指針には式の詳細な指示がありました。

都教委は校長連絡会や、ホットラインメール等で校長に細かく指示しました。教職員の座席一覧表を提出させ照合できるよう会場椅子に番号を振りました。都庁職員を学校へ派遣、会場チェックと共に教職員の背面監視と不起立者の現認を行いました。身も心も凍りついて迎えた創立記念行事や卒・入学式でした。教職員は職務命令に苦しみ、四〇〇名が原告となって国歌斉唱義務不存在確認等請求訴訟を闘いました。保護者や市民の反対にも都教委は耳を貸さずこの年二〇三名もの教職員が処分されました。二〇一一年には大阪でも「国歌斉唱条例」が府議会で成立し被処分者が多数出ています。

さて「10・23通達」には戦後教育を揺るがす大きな問題があります。

第一は、教育の自由、学校の教育課程編成権を侵害しているということです。日本は戦前教育の過ちを反省し、戦後に教育委員会の役割を教育条件整備とし、教育課程編成権は各学校にあるとしました。また「教育は教諭が司る」と、校長と教諭の権限分化を明らかにしました。卒・入学式の内容は、戦後五八年間各学校で決めてきたのです。ところが「10・23通達」で、学校独自のやり方は許さない、都教委の示す実施指針通りにやれ、となりました。都教委による学校教育の乗っ取りです。

問題の第二は、教職員や子どもの思想・良心の自由を侵害していることです。日本は、憲法を国家の理念としています。そのなかに一九条があります。思想良心の自由の権利を謳ったものです。諸外国では、信教の自由に含まれますが、日本では、戦前の思想弾圧の歴史を反省して、わざわざ一条を設けた大事な条文です。「10・23通達」に記載された起立斉唱しなければ服務上の責任を問う、即ち処分するとは国家シンボルへの敬意表明行為の強制です。しかしこれは個人の価値観に関わるところであり、何人にも強制してはならない行為です。ところが都教委は、公務員は全体の奉仕者だから、学校内では市民的自由の権利はなく、上司の命令に従わなければならないと言うのです。裁判所もそう言います。確かに公務員は全体の奉仕者として公平公正に仕事をしなければなりませんが、上司のいかなる命令にも従わなければならないということはありません。

セアートや自由権規約委員会は教職員の市民的自由の権利、不服従の権利を認めています。起立や斉唱を静かに拒否することは、職場という環境においてさえ、教員の市民的権利だと述べています。「10・23通達」によって押し潰された教育の自由、思想・良心の自由。二〇〇三年を境に東京の教育現場には都教委支配が浸透し、上意下達の総無責任体制がはびこることとなりました。

起立やピアノ伴奏を拒否し処分された教職員は現在四八四名。処分取り消し裁判が続いています。

かえられた教育現場

〔高校編〕

大能清子

笑顔と涙に包まれた〝生徒の卒業式〟から、厳粛な〝設置者の卒業式〟へ

命令と処分で脅して「日の丸・君が代」を強制する「10・23通達」が出される前、都立高校の卒業式は一言で言えば〝生徒の卒業式〟でした。どこの学校でも卒業学年の生徒たちで「卒業式対策委員会（略して「卒対」）」をつくり、どんな卒業式にするかを話し合っていました。会場の飾りつけや入退場などの音楽、答辞の内容や朗読する人、ときには「思い出のスライド上映」などの企画を入れ、卒対委員を中心に各クラスの要望をとりまとめたものが、学年担任団から「卒業式の原案」として職員会議に提案され、承認・実施されたのです。クラス代表の答辞を聞きながら高校生活を思い出して、すすり泣く声が式場に漏れました。卒業証書を受け取るときにガッツポーズなど思い思いのパフォーマンスをする卒業生がいたり、退場のときにクラスで決めたフレーズをみんなでコールしたり、中には歓声とともに一斉にクラッカーを鳴らす学年があったりもしました。学年をはじめ学校中の教職員は、そんな様子を〝かけがえのない青春の一コマ〟として、微笑ましく見守ったものでした。

しかし、「10・23通達」が出されると、卒業式は一変しました。式場である体育館の壇上の飾りつけは「なし」。生徒のパフォーマンスも「なし」。一番大切なのは「国歌斉唱」になりました。式全体を通して、号令とともに一糸乱れず起立し、一糸乱れず礼をし、一糸乱れず着席をすること、そしてその間は誰もしゃべらない、厳粛な雰囲気にすることが重視されました。

もちろん、生徒からも不満の声が上がりました。「なんで私たちは今までのような卒業式ができないの？」「そんなこと、誰が決めてるの⁉」「私たちの意見、職員会議で言ってよ！」……。けれど私たち教員は、生徒の要望や疑問に答えることができませんでした。「ごめんね」……、だんだん小さくなる声で、何度も生徒たちに謝りました。それでも「なんで⁉」と食い下がる生徒たちに、返す言葉がありません。生徒だけでなく、私たち教員も自分たちで話し合って決める権限を奪われてしまったのです。

それから二〇年、都立高校は上からの方針と忖度の場に

変えられたのは、卒業式や入学式だけではありません。東京都教育委員会は「10・23通達」を突破口として、学校運営のあり方を根本的に変えました。それまでは教職員全員で議論し、最終的には採決で決めていた職員会議を「校長の補助機関」に変え、挙手・採決を禁止し、校長を通じて下ろされる都教委の方針をただ実行するだけのものにしてしまいました。たとえば「茶髪ゼロ」「暴力一発退学」などをかかげた「都立高校統一生活基準」、校長の「学校経営計画」に掲げられた入試倍率や有名大学合格者数などの「数値目標」に合わせた土曜授業などさまざまな学校改革、年度途中でも準備

期間なしにいきなり導入されるＩＴシステムなど、もはやそれが自分の学校の生徒にとっていいのか悪いのかを考える余裕もありません。かつて管理職以外はみんなが対等な教諭だった教員は、主幹教諭と指導教諭、主任教諭、教諭の四ランクに分けられ、権限も違えば給与にも差がつけられました。さらに、校長の「学校経営計画」に基づいた業績評価で四段階に評価され、その評価が昇給や昇任を左右します。こうした息苦しさのベースに、毎年入学式と卒業式のたびに出される職務命令があり、〝逆らえば処分される〟という重圧となって、とくに若い教員にのしかかっています。

メンタルヘルスでの休職が激増。教員採用試験の倍率は過去最低に

こうして、現場で同じ生徒を教える同僚たちとともに考え、試行錯誤し、ときには立ち止まって振り返ることもできなくなった教員たちにとって、日々の教育は〝するもの〟から〝やらされるもの〟へと変わりました。その頃から、うつ病などのメンタルヘルスで休職する教員が激増し、〝一家に一人〟ならぬ〝一校に一人〟と言われるほどになりました。それを追うように、かつて一〇倍以上あった教員採用試験の倍率は年々低下し、昨年はついに最終倍率二・一倍と最低記録を更新し、欠員が埋まらなかったり、産休や病休の代替も確保できなかったりする学校が増えています。教職が不人気なのは残業代が出ないから？　それもあるかもしれません。でも、教員としてのやりがいが奪われたこと、それが一番大きいのではないでしょうか。「10・23通達」は、学校を機能不全にしています。

〔特別支援学校編〕

竹内　修

1　「通達」によって変えられた入学式・卒業式〜国歌斉唱

「通達」が出された二〇〇三年度から都立の特別支援学校[1]でも一律に「厳粛な儀式の強制」が推し進められ、入学式・卒業式など前年度までとは大きな変更を余儀なくされました。

式次第の中の「国歌斉唱」では、児童生徒全員に起立斉唱が強要されました。知的発達面で重度の障害[2]のある生徒の中には、なぜ起立するのかが分からず立とうとしない生徒もいます。そうした生徒に対して腕を強引に引いて立たせるなど、有無を言わさずに起立を強制することもありました。それまでは重度の障害があっても、自然で自由な気持ちで卒業をお祝いすることができましたが、通達によって「厳粛な儀式」を強制された結果、そうしたことさえも難しくなってしまいました。

また、式の途中で教員がトイレ介助のために式場から出て行くことがないように、日頃の活動の積み重ねでトイレでの排泄を身につけた生徒に対してまで、オムツの使用を強要するなど生徒の人格を傷つけるようなこともありました。また自発呼吸ができず、常時使用している人工呼吸器の警報ブザーが鳴ったため、保健室職員が駆け寄りかがんでケアをしようとしました。ところが副校長がすかさず追ってきて「立ちなさい」と指示しました。国歌斉唱中はそうした大事なケアさえも禁じるという、生徒の生命にも関わる事態も発生しました。また一方で、緊急事態発生時には「管理職の許可を得てから行動する」などと、実際の緊急時にはあり得ないことを職務命令書に明記した学校もありました。生徒の命や安全よりも国歌斉唱の方が大事という状況が「通達」によって引き起こされました。

2　画一化された卒業式〜舞台上での証書授与・会場装飾など

通達以前は、体育館フロアで対面形式で行なっていたため、車イスの生徒も自分の力で車イスを操作して移動し、証書を受け取ることができました。それが通達によって全員が舞台での「証書授与」を強制されたため、特設のスロープを特別予算で製作するなどの対応がされました。特設のスロープでは車イスの昇降で落下の危険があるため、練習を重ねて自力で車イス移動ができるようになった生徒も介助されて証書を受け取ることになりました。一見安全に配慮したようですが、練習を重ねて身につけた車イス移動の力を、卒業式の晴れの舞台で発揮できず、自分自身の努力をも否定されたように感じた生徒も少なくなかったです。その一方で校長によっては、特設のスロープが目障りだとして片づけた上で、車イスの生徒を舞台袖から担ぎ上げるという危険な対応をする学校もありました。

また体育館の舞台に上がるのが不安なため、頑なに上がることに抵抗する重度の知的障害や自閉的傾向がある生徒もいます。そうした生徒が舞台で証書を受け取れるようになるだろうか？　舞台中央で立ち止まってジッとしていることが難しい生徒はどうしたら立ち止まれるようになるのか？　通達以前には、子ども達の障害に合わせた式を工夫してきました。それが逆に都教委が決めた形に子ども達の活動を合わせなければならなくなりました。重度の障害がある生徒にとっては、卒業式の準備開始の二月半ば頃から一ヵ月以上にわたって舞台中央で証書を受け取るための練習が繰り返され、その時間は通常の授業が実施できない、という状況も起こりました。

入学式・卒業式の儀式としての厳粛さを求め、画一的な内容での実施を強制されることで、それまでは生徒たちが卒業をお祝いする気持ちで手作りした作品を体育館の壁に掲示するなど、全校で取り組む暖かい雰囲気で実施された式が、壁面は紅白幕を張り巡らせ、生徒の作品などは一切なくなり、さみしく冷たい儀式になりました。通達の発令から二〇年間が過ぎた現在、画一的な儀式が毎年繰り返されていく中で、「通達」自体を知らず、三月・四月に校長が教員一人ずつに手渡す「職務命令書」を（教育の場で「命令」されることに疑問も感じずに）「有難うございます」と言って受け取る若い教員も増えています。子ども達の命や健康を大切にする自由でのびのびとした式よりも、国旗・国歌＝国家が優先される儀式が、何の検討もなく機械的に進められることに大きな不安、危機感をもっています。この状況を何とか変えられないか、運動の輪を広げていくことの大切さを痛切に感じています。

注

（1）二〇〇七年の学校教育法改正で「養護学校」から変更。肢体不自由・知的障害・病弱等、様々な障害のある子ども達が学ぶ場。一方で全国には「養護学校」の名称を使っている自治体もあります。

（2）「ショウガイ」の表記は、法律や制度等で一般的につかわれている「障害」をここでは使用しました。

資料① 入学式、卒業式等における国旗掲揚及び国歌斉唱の実施について（通達）まえがき（略）

二〇〇三年一〇月二三日

記

1 学習指導要領に基づき、入学式、卒業式等を適正に実施すること。

2 入学式、卒業式等の実施に当たっては、別紙「入学式、卒業式等における国旗掲揚及び国歌斉唱に関する実施指針」のとおり行うものとすること。

3 国旗掲揚及び国歌斉唱の実施に当たり、教職員が本通達に基づく校長の職務命令に従わない場合は、服務上の責任を問われることを、教職員に周知すること。

＊別紙 入学式、卒業式等における国旗掲揚及び国歌斉唱に関する実施指針

1 国旗の掲揚について 入学式、卒業式等における国旗の取扱いは、次のとおりとする。

（1）国旗は、式典会場の舞台壇上正面に掲揚する。

（2）国旗とともに都旗を併せて掲揚する。この場合、国旗にあっては舞台壇上正面に向かって左、都旗にあっては右に掲揚する。

（3）屋外における国旗の掲揚については、掲揚塔、校門、玄関等、国旗の掲揚状況が児童・生徒、保護者その他来校者が十分認知できる場所に掲揚する。

（4）国旗を掲揚する時間は、式典当日の児童・生徒の始業時刻から終業時刻とする。

2 国歌の斉唱について 入学式、卒業式等における国歌の取扱いは、次のとおりとする。

（1）式次第には、「国歌斉唱」と記載する。

（2）国歌斉唱に当たっては、式典の司会者が、「国歌斉唱」と発声し、起立を促す。

（3）式典会場において、教職員は、会場の指定された席で国旗に向かって起立し、国歌を斉唱する。

（4）国歌斉唱は、ピアノ伴奏等により行う。

3 会場設営等について 入学式、卒業式等における会場設営等は、次のとおりとする。

（1）卒業式を体育館で実施する場合には、舞台壇上に演台を置き、卒業証書を授与する。

（2）卒業式をその他の会場で行う場合には、会場の正面に演台を置き、卒業証書を授与する。

（3）入学式、卒業式等における式典会場は、児童・生徒が正面を向いて着席するように設営する。

（4）入学式、卒業式等における教職員の服装は、厳粛かつ清新な雰囲気の中で行われる式典にふさわしいものとする。

第二部
自由権勧告を読み解く

第二部執筆者略歴（執筆順）

新倉修（にいくら・おさむ）日本の法学者・弁護士。専門は刑事法。青山学院大学名誉教授。日本民主法律家協会理事長、ヒューマンライツナウ理事長などを務める。編著書『少年事件報道と法』（日本評論社）『18・19歳非行少年は、厳罰化で立ち直れるか』（現代人文社）『少年「犯罪」被害者と情報開示』（現代人文社）他多数。

寺中誠（てらなか・まこと）東京経済大学教員。専門は犯罪学・刑事政策論、人権論。著書「裁判員と死刑制度——日本の刑事司法を考える」「死刑の論点」他多数。大学院時代から人権ＮＧＯ社団法人アムネスティ・インターナショナルで活動、二〇〇一年からアムネスティ日本事務局長を一〇年間務める。

阿部浩己（あべ・こうき）明治学院大学国際学部教授、同大学国際平和研究所所長。難民研究フォーラム共同代表幹事。国際人権法学会理事長・日本平和学会会長など歴任。専門は国際法、国際人権法。著書『国際法の暴力を超えて』（岩波書店）『国際法の人権化』（信山社）『国際法を物語るⅠ～Ⅳ』（朝陽会）他多数。

前田朗（まえだ・あきら）東京造形大学名誉教授。朝鮮大学校法律学科講師。著書『軍隊のない国家』（日本評論社）『非国民がやってきた！』『パロディのパロディ　井上ひさし再入門』（以上耕文社）『メディアと市民』（彩流社）『憲法９条再入門』『ヘイトスピーチ法研究序説』『ヘイトスピーチ法研究要綱』（以上三一書房）他多数。

自由権とは（ガイダンス）

新倉　修

1　人権という考え方

人間は、だれでも生まれながらにして平等に権利というものをもっている。—こう考えてみましょう。しかも、この権利は奪うことも、他人に譲り渡すこともできないものと考えることが、すべての出発点です。皆さんは、それは当たり前だと思うでしょうか。確かに、人間を奴隷として支配することが当然とされた時代ではもはやないので、奴隷とその支配者・持ち主という越えがたい「差別」はありえません。その当たり前のことを第一に確認したのが、一九四八年に国際連合の総会で採択された「世界人権宣言」でした。「すべての人間は、生まれながらにして自由であり、かつ、尊厳と権利とについて平等である。人間は、理性と良心とを授けられており、互いに同胞の精神をもって行動しなければならない」というのが、世界人権宣言の第一条です。

このような一見すると当たり前すぎることをわざわざ宣言するのは、どうしてなのでしょうか。その理由の一端は、世界人権宣言の前文に書かれています。

そこには、「人類社会のすべての構成員の固有の尊厳と平等で譲ることのできない権利とを承認することは、世界における自由、正義及び平和の基礎である」という文章があります。ここで大事なことは、それぞれの文化や政治・経済の仕組みをもった個別の国家や社会に焦点をあてるのではなく、地球全体にかかわる「人類社会」という大きな枠組み（フレームワーク）に注意を向けることです。つまり、「人類社会のすべての構成員」というのは、日本人とかアメリカ人とか、国籍をもった国民ということにこだわらず、地球に生きるすべての人類・人間（ピープル）に注意を向け、その一人一人が尊厳と平等で奪い得ない権利をもつという根本的な考え方を出発点にすえて、地球社会のあり方（世界における自由、正義及び平和の基礎とすること）を考えようという提案です。

要するに、地球上のすべての個人が、国籍や人種、皮膚の色、性別、言語、宗教、政治上その他の意見、国民的もしくは社会的な出身（出自）、財産、家柄（門地）その他の地位またはこれに類するいかなる事項（事由）による差別も受けることはなく、世界人権宣言に掲げられるすべての権利と自由を享受することができることが保障されています（世界人権宣言二条。差別の禁止）。

世界人権宣言は、全部で三〇条しかない短い文書ですが、そこに、すべての自由や権利が網羅的に書かれているわけではなく、時代に応じて発展するものと考えるのが自然でしょう。

2　自由権とは何か

さて、すべての人間が、平等に自由と権利を保障されているとしても、それはどのような自由や権利なのでしょうか。

この点について、世界人権宣言の前文は、人権をめぐる歴史を振り返りながら、じゅんじゅんと人権の意義を述べています。すなわち、人権の無視や軽侮が蛮行（ナチス・ドイツによるユダヤ人やロマ＝ジプシーの大量殺害を思い出してください）をもたらしたと反省しています。また、国際連合の諸国民は、国連憲章を定めて、国連をつくり上げましたが、その趣旨は「一層大きな自由のうちで社会的進歩と生活水準の向上とを促進することを決意した」からと述べています。そこで、国連の加盟国は、「国際連合と協力して、人権及び基本的自由の普遍的な尊重及び遵守の促進を達成することを誓約した」と述べています。このことは、国連の目的が経済的及び社会的な協力にあると確認され（国連憲章五五条）、加盟国は、国連と協力して、共同および個別の行動をとることを約束したと明記されています（同五六条）。このことから、国連の目的が、安全保障理事会に示されるような国際の平和と安全と並んで、経済社会理事会に示されるような人権の擁護と促進にあることがわかります。

自由については、四つの自由という考え方が有名です。これは、アメリカのフランクリン・D・ルーズベルト大統領が一九四一年に提唱した①表現の自由、②信仰の自由、③欠乏からの自由、④恐怖からの自由という考え方に由来しますが、これに限ることはありません。世界人権宣言は、「人権」を大きくわけて「自由権」と「社会権」というように、二つに分けることもできるけれど、これを区別しないで保障するという態度を取っています。しかしどちらかというと、「自由権」は個人の私的な生活領域に属するものであって、国家からの干渉を受けないことを重視する「市民的及び政治的権利」という括りができるのに対して、「社会権」は国家による積極的な保護を必要とする「経済的、社会的及び文化的な権利」と分けることもできます。というのも、前者の「自由権」は、ヨーロッパの近代社会では市民的な自由として古くから認められてきた人権（第一世代の人権）であって、国家の干渉を禁止すれば保護が比較的容易にできると言われています。これに対して、後者の「社会権」は、ヨーロッパで資本主義経済が発達するに連れてさまざまな社会問題を発生し、これを解決するために唱えられた権利（第二世代の人権）という特徴があり、その社会の経済的・財政的な能力に応じて、権利の実現にはさまざまな制約が伴うと考えられ、保障の仕方も「自由権」ほど簡単ではないと考えられることもあります。しかし、現在では、「社会権」でも、人権としての重要性は同じであり、国家には、先に紹介したように、たとえば国連憲章五六条において区別なく、共同および個別の行動による国連への協力が義務付けられていると考えると、「自由権」か「社会権」かという違いは、保障の仕方や程度の差ではなく、保障の対象の違いでしかないということもできます。

3　自由権のカタログ

さて以上の「自由権」の意義を踏まえて、世界人権宣言が列挙する「自由権」を概観してみましょう。いわば「自由権のカタログ」を見るというわけです。大事なことは、この「カタログ」は、買い物リストのように、あらかじめ決められたものしか記載していないというわけではない点です。つまり、人権そのものが社会の経済的・政治的・文化的な条件に応じて変化するものであって、この「カタログ」に乗っていない権利は、必ずしも人権として保障されないわけではないのです。人権として新しい要求や必要に応じて「カタログ」が訂正されることもありえますが、反対に、油断していると「カタログ」から外され、保護されないこともありえます。日本国憲法が示しているように、「この憲法が国民に保障する自由及び権利は、国民の不断の努力によつて、これを保持しなければならない」（憲法一二条）だけでなく、「この憲法が日本国民に保障する基本的人権は、人類の多年にわたる自由獲得の努力の成果であって、これらの権利は、過去幾多の試練に堪へ、現在及び将来の国民に対し、侵すことのできない永久の権利として信託されたものである」（九七条）ということができます。また、憲法は国際協調主義（憲法九八条二項）を取っていますので、日本政府は、司法・行政・立法のすべての分野において、自由権規約を含めて、日本が批准したすべての国際人権条約を誠実に遵守する義務があります。

まず世界人権宣言は、生命、自由、身体の安全（三条）、奴隷・苦役の禁止（四条）、拷問・虐待・残虐な刑の禁止（五条）、人として認められる権利（六条）、法の下の平等、法の平等な保護を受ける権利（七条）、効果的な救済を受ける権利（八条）、逮捕・拘禁・追放に対する保障（九条）、公平な裁判所による公正な公開審理を受ける権利（一〇条）、刑事訴追に対する保障（一一条）、私生活・通信名誉の保護（一二条）、移転・居住の自由（一三条）、迫害からの避難（一四条）、国籍に関する権利（一五条）、婚姻・家庭に関する権利（一六条）、財産に関する権利（一七条）、思想・良心・宗教の自由（一八条）、表現の自由（一九条）、集会・結社の自由（二〇条）、政治に参与する権利（二一条）などを「自由権」のグループに分類しているようです。

もっとも、世界人権宣言は、国連総会で決議されたわけですが、条約のような法的拘束力はないので、国連加盟国は、人権の内容として共通の理解に到達したことを確認するけれども、世界人権宣言に反するような行動をとっても、ただちに国際法に違反して一定の法的な制裁を受けるということにはなりません。そこで、世界人権宣言で確認された国際人権を条約にレベルを上げた内容にする作業が国連内部で進められました。その結果、「自由権」と「社会権」をわけて二つの人権条約をつくることになりました。それが、社会権に関する「経済的、社会的及び文化的権利に関する国際規約」（「A規約」とも「社会権規約」とも呼ばれています）と「市民的及び政治的権利に関する国際規約」（「B規約」とも「自由権規約」とも呼ばれています）が一九六六年に国連総会で採択され、条約の発効に必要な条件を満たして、一九七六年に発効しました。その前後に、国際人権条約として、この二つの国際規約のほかに、「あらゆる形態の人種差別の撤廃に関する国際条約」（人種差別撤廃条約一九六五年採択、一九六九年発効）、「女子に対するあらゆる形態の差別の撤廃に関する条約」（女子差別撤廃条約一九七九年採択、一九八一年発効）、「児童の権利に関する条約」（子どもの権利条約一九八九年採択、一九九〇年発効）、「拷問及び他の残虐な、非人道的な又は品位を傷つける取扱い又は刑罰に関する条約」（拷問等禁止条約一九八四年採択、一九八七年発効）、障害者の権利に関する条約（二〇〇六年、二〇〇八年発効）、「強制失踪からのすべての者の保護に関する国際条約」（強制失踪条約二〇〇六年採択、二〇〇七年発効）が加わりました。

自由権規約は、世界人権宣言に掲げる「人権のカタログ」をいっそう緻密に規定し、第一部「人民の自決権」、第二部「一般規程」、第三部「実体規定」、第四部「実施措置」などにわけて規定を整備しました。とりわけ重要なのは、第二部で、締約国の事務として、「その領域内にあり、かつ、その管轄の下にあるすべての個人に対して」差別のない権利を尊重し及び確保することを約束させ、効果的な救済措置を受けることを確保することを定めている（二条）点です。さらに、自由権規約の履行を確保するため、「高潔な人格を有し、かつ、人権の分野において能力を認められたこの条約の締約国の国民で構成される」人権委員会（自由権規約委員会）を設置したのは、画期的な出来事です。というのも、締約国は定期的に（原則として五年ごとに）、自国における自由権規約の履行状況を報告し、規約人権委員会の審査を受け、「建設的な対話」を通じて、垂直的な上下関係による監督や命令ではなく、水平的な同僚的な調査と評価・勧告（これを「友情のある助言と説得」と呼ぶこともできます）を受け、改善を求められた場合には、重要な項目については一年以内の追加報告（フォローアップ）を行い、かつ、次回の報告では実施状況を改善した成果とともに残された課題についての対処方針などについて報告する義務がある（四〇条）からです。

それだけではなく、自由権規約の第一選択議定書は、人権侵害を受けた当事者が直接、規約人権委員会に対して、国内の手続では救済を得られなかったことを通報することができ（個人通報制度）、また、他の国際人権条約の履行監視委員会でも「自由権規約」にかかわる事項は考慮の対象とされ、さらに国連総会の下に設置された人権理事会でも、「自由権規約」も含めて国際人権条約全体について定期的に審査（普遍的定期的審査ＵＰＲ）を受けることになります。

また、それぞれの国には、国内における人権の保護と促進について、調査して意見を述べる独立した人権機関を設置することが求められています（国内人権機関ＮＩＨＲに関するパリ原則）。

自由権規約委員会からの勧告の持つ意味

寺中　誠

二〇二二年の国連自由権規約委員会による第七回日本政府報告書審査では、日の丸掲揚や君が代斉唱に従わなかった教員が処分された件について、はじめての是正勧告が出されました。これに先立つCEART（ILO／UNESCO教職員勧告適用合同専門家委員会）の第一三回第一四回勧告が、日本政府が市民的不服従の自由を行使した教員への処分を行なったことについて懸念と是正を求めたことに相応の注意を払ったものと推測できます。国連関係の各部署では、それぞれの文脈で独自の動きを示しつつも、実際には各機関の横の連携を重視しつつ、実効性のある議論が進められるのが通例です。今回の自由権規約委員会の勧告も、これまで長年問題視されてきた権利侵害に対して、条約機関として適切な判断をまとめたものと理解できます。

自由権規約委員会は、これまで毎回提出が遅れがちな日本政府報告書の数回の審査を経て、今回、総括所見のパラ三八とパラ三九において、新たにこの日の丸君が代に関わる処分の問題を重要な人権上の課題として取り上げました。今回の総括所見のパラ三七までは、ほぼ前回からの積み残し案件に対して勧告を繰り返したものであったことを考えると、国連の条約機関の認識に新しい視点を加える変化が訪れたことを示していると考えられます。

自由権規約一八条と子どもの権利条約一二条

自由権規約第一八条は、良心・信教・信条の自由を定めています。人権には、「拷問を受けない権利」や「奴隷的拘束を受けない権利」など、強行規定として絶対的に保障されるものと、表現の自由のように厳格な制約原理に基づいて部分的に限界を認めるものがあります。一八条一項にある思想・良心の自由は、前者の絶対的自由の典型例であるとされています。内心の自由とも呼ばれるこの自由は、絶対不可侵であり、これに圧力をかけること自体も規約一八条二項に規定されるように許されません。国際人権法上では、そうした絶対不可侵の自由を、いかなる緊急事態であっても逸脱不可能な権利として規約第四条に列挙しています。なお、多くの学説では、この規約四条の列挙は例示列挙であり、他にも逸脱不可能な権利とされる権利が生じる可能性は認められると解釈されています。

自由権規約一八条一項と二項の思想・良心・内心の自由が絶対的自由としていかなる理由によっても侵害されてはならないことは、すでに自由権規約四条をはじめ、国際人権法上の前提となる常識となっています。そうであれば、内心の自由を絶対的に実現するために、万が一にも内心の自由への介入を許さない、制度的な保障が備えられていなければなりません。自由権規約一八条二項は「何人も、自ら選択する宗教又は信念を受け入れ又は有する自由を侵害するおそれのある強制を受けない」としていかなる強制も禁じています。

しかし、現実の社会では、しばしば事実上の強制が機能する場合があります。一八条二項が禁じているとしても、何らかの理由で内心の意思の表明が不可避的に行われてしまった場合、内心の自由への介入を手続き的に制約するのが一八条三項に規定された原理です。この点は、表現の自由への制約も含めて規定されている自由権規約一九条の趣旨とは意義が異なります。

この違いは、実は、教育現場においては、子どもの権利条約の一二条と一三条との関係にもつながります。つまり条約一三条の表現の自由の保障は、規約一九条と同じように厳格な条件の下で制約可能な権利です。しかし、条約の基本原則たる一二条のいわゆる「意見表明権・参加権」、より条約の原語に即して言えば「聴かれる権利」と「子ども自身が関わる問題に対する参加権」は、条約の四つの基本原則の一つとして、子どもに対する働きかけ全般に厳しい制限をかけています。

例えば、学校行事は子どもが当事者として関係するものです。その形式については、単なる事務作業としてではなく、子どもの参加の権利が認められなくてはいけません。当該学校行事の意味について、子ども自身がどのような意見を抱くのか、子どもが当該行事の理由、沿革や背景を十分に理解できる状態にしているでしょうか。もちろん、そうした知識面の対応について、学習者それぞれの成長発達段階に合わせたコミュニケーションが採られなければならないとするのが条約の規定です。しかし、原語が「聴かれる権利」と記されている通り、この権利は、むしろ聴き取る側に重要な義務を課しているものです。どのような成長発達の段階にある学習者であっても、可能な限り、多様な意見形成ができる状況を確保しなければならないのが、制度設計を行う側の義務となります。

果たして子どもの教育現場である現在の学校教育の中で、教員や子どもたちが自由な意見を表明できる自由な環境が整備されているでしょうか。制度設計にも多くの課題はあるでしょうが、こうしたコミュニケーションに最も重要な役割を果たすことになるのは教員たちの教育の自由であり、彼らの教育内容に関わる裁量権と多様性にほかなりません。したがって教員の内心の自由の絶対性は、子どもの権利を守る上でも最重要の価値として認められるべきです。

学校行事の名を借りた強烈な圧力として、学校側ひいては教育委員会等の当局による強制が教員たちに対して働いているならば、これは規約一八条二項によって禁止されている行為であると見なければなりません。教員たちの多数による誘導とも呼ぶべき状況が事実上存在してはいないでしょうか。もしも、そのような事情が現在発生している、ないし今後発生するような施策が進められているならば、子どもの権利条約一二条一項にある「聴かれる権利」の侵害として、条約違反を指摘せざるを得ないでしょう。規約一八条三項に規定される制約が制度的保障として必要なのは、こうした教育現場の事情をも踏まえているからであると言うべきです。このように、教員に対する良心の自由が十分に認められていない場合には、子どもの権利条約違反の状態も生じることになります。

国際人権法上の権利制約の原理

さて、規約一九条や条約一三条に規定されている表現の自由は、極めて重要な精神的自由の根幹ではあるものの、厳格な基準に照らして制約し得る権利と考えられています。この権利制約の原理については、自由権規約委員会一般的意見三四号の二二パラなどに指摘されるように、自由権規約一九条三項にある条件をすべてクリアしなければなりません。

これは、一般的な権利制約原理であり、もともと制約することが可能とされている表現の自由に関する制約です。いわゆる「二重の基準論」における「厳格な審査基準」が適用されるべき状況を想定しています。

ちなみに、国連子どもの権利委員会でも二〇〇九年の一般的意見一二において、「聴かれる権利」「参加権」とともに表現の自由に関する制約の性格について整理がなされています。同意見のパラ八〇から八三、特に八一では条約一二条の「聴かれる権利」「参加権」と、条約一三条の「表現の自由」および条約一七条の「情報アクセス権」との異同について詳細な分析が行われています。そして、これらの条文に関わる権利に対して、当局による介入を禁止する旨が明示されています。

絶対的自由である内心の自由を中核とする精神的自由は、表現の自由や言論の自由、プライバシーの権利などを包括する権利です。そのため、極めて厳格な審査基準をクリアしなければ制約することができません。日本の司法ではしばしば公共の福祉の名の下にこれを一般的に制約できるかのような扱いが見られますが、国際的にはこうした一般的な制約は否定されており、また日本における公共の福祉の概念自体も、「曖昧で無限定であり」、国際基準に合致する「法律によって定められたもの」とは評価されていません。この点は、自由権規約委員会が日本政府報告書の審査に際して以前から指摘しているところであり、二〇一四年の第六回審査と二〇二二年の第七回審査の総括所見で再三にわたって以下のような記述が見られます。

二〇一四年総括所見　パラ二二　委員会は、「公共の福祉」の概念が曖昧かつ無限定であり、かつ、規約（第二条、第一八条及び第一九条）の下で許容される制約を超える制限を許容する可能性があることについて、繰り返し懸念を表明する。委員会は、前回の総括所見（CCPR/C/JPN/

CO/5、パラ10）を想起し、かつ、締約国に対して、規約第一八条第三項及び第一九条に定める厳格な要件を満たさない限り、思想、良心、宗教の自由又は表現の自由を享受する権利に対して、いかなる制限も課すことを差し控えるよう、強く求める。

二〇二二年総括所見　パラ三六　委員会は、思想、良心及び宗教の自由あるいは表現の自由の権利の制限につながり得る「公共の福祉」の曖昧で無限定な概念、並びに特定秘密保護法における秘密として分類され得る事項が広範であること及び分類の一般的前提条件についての前回の懸念を再度表明する。（後略）

これらの総括所見では、日本の憲法上の「公共の福祉」概念は「曖昧で無限定」であり、権利制約原理における前提である「法律による制約（法定主義）」を満たしていないと厳しく批判されています。

法定主義が満たされていないことは、単に「法律」が欠如しているという形式的事実のみに係る問題ではありません。子どもの権利条約との関係の際にも指摘したように、現実的に、当事者たる子どもたちに自由な意見を表明できる状況を提供し得ているか、という問題なのです。法律であれ条例であれ、あるいは通達であれ、その効果として教員の自由な意見表明を制限することは、最終的には学習当事者である子どもたちの意見形成に重大な悪影響を及ぼすことになります。前述した国連子どもの権利委員会の一般的意見一二のパラ八一が言及している禁止事項である当局による「介入」にあたると評価されてもやむを得ないでしょう。そうなれば、子どもの権利条約の基本原則に違背した制度であるとみなされることになると考えられます。

まずは教員たちの内心の自由の侵害は絶対的に禁止されています。それを前提とした上で、仮に教員たちの思想、信条が明らかになってしまう状況が生じるとしても、それは学習当事者である子どもの権利に関わる問題であり、政府ないし当局には、子どもの権利実現に向けて、子どもの意見が個々人の成長発達に合わせて自由に形成され適切に表明できるよう、必要な制度を構築する義務があります。その最大の結節点となるのは、教員各自の思想・信条の自由の確保であり、内心の自由の絶対性はそれを保護するための手段だと考えるべきだと思います。つまりもっとも重視すべきは、例えば日の丸掲揚や君が代の斉唱について、それが辿ってきた歴史も踏まえた批判的評価を含め、多様な意見が存在していることを子どもたちが知り、調べ、自分たちの意見を形成し、それを主張することができるように教育制度が機能することにあります。子どもたちの表面的な意見に止まらず、彼らが本来表明しようとしている内容を適切に聴き、それを示すことができるような環境を構築することが肝要です。そのためにはもちろん、教員に対する内心の自由に関わる介入は絶対に認められるべきものではなく、学校行事などへの参加の仕方についての形式的な指導や命令は、規約一八条三項で禁止される、権利制約原理を満たしていない不当な介入であると結論することができるでしょう。

今回の自由権規約委員会の勧告は、パラ三八では表面的に教員ないし教育労働者の絶対的権利である一八条の内心の自由の保障のみを懸念しているように見えますが、パラ三九では、規約一八条三項の特に厳格な基準による権利制約に触れています。この本意は、規約一九条三項の厳格な基準に関する自由権規約委員会の一般的意見三四のパラ二二、また同種の規定を持つ子どもの権利条約一三条をはじめとする各種条約の制約原理を経由して、より重要な子どもの権利条約の基本原則にあたる一二条一項の「聴かれる権利」にまで視野を広げているものと考えられます。これは、パラ三六にある「公共の福祉」概念の批判を前提としつつ、実態としては、教員という教育現場における特殊な立場を最大限に尊重した結果、真の権利保持者にあたる子どもたちの持つ「聴かれる権利」の結節点を担う教員の権利を保障することこそが、子どもの権利の保障の上でも最も重要だという論理を採用しているものと読むことができるでしょう。

ＣＥＡＲＴが創設された理由の一つは、教員の権利の特殊性にあります。一般に、教員は子どもの権利を実現する義務を負った主体として、その範囲で裁量権を持つものとされます。自由権規約委員会はその制度的性格から、教員個人の権利を優先的に論じましたが、実際には、国連子どもの権利委員会がこれまで指摘してきた、条約一二条と一三条、一七条の関係性を意識するのは当然だと考えられます。個人として内心の自由を持つのは無論のことですが、本件については、それだけに止まりません。教員が教育内容について一定の裁量権を有するのは、真の権利保持者たる子どもの利益を考慮するからです。したがって、子どもの権利を実現する上での要となる「聴かれる権利」をより適切に行使できるよう、その裁量権を行使する立場に置かれます。

以上の論理を踏まえれば、今回二〇二二年の自由権規約委員会の勧告は、教員個人の権利の保障だけでなく、真の権利保持者たる子どもたちが自分たちの意思を形成しそれを表明できる環境を整えるために、適切な教育をおこなう教員の裁量権を視野に入れたものであると考えます。まさに、各種人権条約の条約相互間のダイナミクスを考慮した画期的な勧告だと言えるでしょう。

国際人権法から見た日の丸・君が代起立斉唱拒否

阿部浩己

本章では、日の丸・君が代起立斉唱の強制にあらがう教員たちの行動を、国際社会の法である国際法、なかでも人間の尊厳を最も大切な法益とする国際人権法の観点から論じます（以下では、元教員の人たちも含めて教員と言います）。

信念の絶対的保障

国際人権法の実質的な出発点と言うべき世界人権宣言は、第一八条で「すべての者は、思想、良心及び宗教の自由についての権利を有する」と定めています。これを受けて、日本も当事国である自由権規約（市民的及び政治的権利に関する国際規約）は、第一八条一項に同じ文言の規定をおくとともに、第二項で「何人も、自ら選択する宗教又は信念を受け入れ又は有する自由を侵害するおそれのある強制を受けない」と定めています。

同条は続けて第三項で、「宗教又は信念を表明する自由」については一定の制限を受ける場合があるとして、制限を認める事由を限定列挙しているのですが、これらの規定ぶりが伝えるように、信念

〈思想・良心〉を有する自由それ自体はいかなる制限にも服しません。制限が許されるのは、信念を「表明する」場合に限られます。

思想・良心の自由には積極的な側面と消極的な側面があります。積極的な側面が外部への行動を通じて自らの信念を示す自由であるのに対して、消極的側面とは自らの信念に反する行動を強いられないことです。自らの信念を示す積極的な行動は、自由権規約一八条三項が定めるように、時と場合によって制限されることもあり得ます。それに対して、消極的な側面はいかなる制限にも服さない絶対的なものです。〈善をなす〉外部への行動は他者との関係で制限されることがあり得ても、〈悪の強要〉すなわち信念を曲げるよう強いられることは、程度や回数のいかんにかかわらず、いっさい認められないということです。

善行は「程度」の問題ですが、悪の強要は「原則」に関わる問題なので、譲ることがあってはなりません。自らの信念に反する行為にあらがうことが制限されるとなると、信念そのものが制限されることになってしまいます。信念に反する行為を多少であれ受け入れることは、信念それ自体の損傷を受け入れることになってしまうので、これを容認することはできないのです。その際、信念にもとづく拒否は、「拒否を理由に制裁を受けない権利」[1]であることにも留意しておく必要があります。

日の丸・君が代起立斉唱の強制にあらがう教員たちの行動は、こうした格別の保護を受けるべきものにほかなりません。自らの信念に反する行為を強いられることはあってはならず、そうした行為を拒否したために制裁を受けることもあってはならないのです。自由権規約一八条一項および二項により、教員たちの思想・良心の自由は、本来、絶対的に保障されており、信念にもとづく抵抗に対し制裁が科せられてはなりません。

ＣＥＡＲＴと自由権規約委員会の勧告

日本の裁判所で必要な救済を得られない教員たちは国際的な機関に訴え出ます。そして、とても重要な判断を引き出すことになりました。

訴え出た先の一つは、ＩＬＯ／ユネスコ教職員勧告適用合同専門家委員会（ＣＥＡＲＴ）です。一九六六年にユネスコで採択された「教員の地位に関する勧告」の侵害を訴える教職員組合からの申立てについて検討する権限をもっているところです。教員たちの訴えを受けたＣＥＡＲＴは二〇一八年に勧告を出すのですが、その中の大切な部分を摘出すると、次のようになります。

一九六六年の勧告パラグラフ八〇（「教員は、市民が一般に享受している市民としてのすべての権利を行使する自由を有し」、と定めているところ）は、世界人権宣言や自由権規約などの示す原則の枠内で理解することができ、「教員は、公務員に課せられた誠実に行動する義務に沿った行為であることを条件に、国旗掲揚儀式に同意せず、意見を表明し、および、それを変更するための営みに参加する一般的権利を有している」。

起立斉唱は、「旗または歌に込められている理念もしくは政治的観念の受諾を意味することがある。起立斉唱が規則によって求められる場合、その拒否は秩序を乱さぬ不服従（non-disruptive disobedience）と見ることができ、当該規則は個人的な価値観と意見の侵害とみなし得る」。「起立斉唱の静かな拒否は、…個人の領域を保つ個々の教員の権利の範囲内にある」ので、「愛国的な式典が滞りなく進行する一方で、それに従う行動をとることに違和感を覚える教員について配慮できる解決策を探るよう勧告する」。

世界人権宣言などに言及しながら教員たちの不服従行為に対する配慮を求めたCEARTの見解は、国際人権法の趣旨を踏まえたものと言えますが、これをさらに明確にしたのが自由権規約委員会の総括所見です。

自由権規約は、国際人権法を構成する諸条約のなかでも中心的な位置にあります。この条約の履行状況を監視する役割を担っているのは自由権規約委員会（一八人の専門家によって構成される国際機関）です。当事国は、この委員会に定期的に報告書を提出し、審査・勧告を受けなくてはならないところ、日本は、二〇二二年一〇月に第七回目の定期報告審査を受けることになりました。日の丸・君が代起立斉唱の問題は、教員たちからの精力的な働きかけ（ロビー活動）の結果、その審査の時に人権問題の一つとして取り上げられたのです。そして、自由権規約委員会は、審査結果（「総括所見」と呼ばれる）の中で、日本政府に向けて次のような懸念と勧告を発出することになりました。

委員会は、締約国［＝日本］において思想及び良心の自由が制限されているとの報告に懸念をもって留意する。学校の式典で国旗に向かって起立し、国歌を斉唱することに従わない、教員の消極的で秩序を乱さぬ行為の結果として、最長六ヵ月の職務停止の処分を受けた者がいることを懸念する。さらに、委員会は、式典中に児童・生徒に起立を強制するため有形力が行使されたとの申立てを懸念する。

締約国は、思想及び良心の自由の効果的な行使を保障し、規約一八条により許容される狭義の制限を超えて当該自由を制限することがあるいかなる行動も慎むべきである。締約国は、その法令と実務を規約一八条に適合させるべきである。

少し整理すると、先に紹介したCEARTの勧告は、教員たちの行為を実は「意見・表現の自由」の問題と捉えていたのですが、この行為は、むしろ「思想・良心の自由」になじむものであり、自由権規約委員会もそのように考えていることがわかります。ただ、総括所見が伝えるように、自由権規約委員会は、日の丸・君が代起立斉唱拒否という行為を信念の「表明」と捉えており、だからこそ、それを制限するのであれば、規約一八条三項の定める制限事由を超えることがあってはならない、と釘を刺しているのです。

総括所見には「〜を懸念する」という表現が多用されるのが常です。締約国が違反をおかしているかどうかを個別に認定するのではなく、自由権規約全般の実施を促すのが定期報告審査の趣旨なので、あまり断定調にはならず、「〜を懸念する」というマイルドな表現にとどめられるのです。懸念の対象となる締約国の振る舞いは、委員会の真意としては、自由権規約に反するもの、という評価に違いありません。

自由権規約委員会は、懸念を表明した直後のパラグラフで、締約国たる日本（政府）に対して勧告を発しています。懸念を払拭するため（＝真意としては、自由権規約違反を是正するため）、何をすべきかが勧告という形で示されています。「締約国は、その法令と実務を規約一八条に適合させるべきである」という箇所には、当然ながら、日の丸・君が代起立斉唱を求める日本の現行法令・実務が自由権規約一八条を逸脱しているという評価が伴っています。

こうした自由権規約委員会の認識は、国際人権法の要請を体現するものに相違ありません。ただし、私自身は、先に論じたように、日の丸・君が代起立斉唱拒否を、信念の積極的表明（一八条三項により保障され得るもの）というより、信念の表明を強いられることへの抵抗（一八条一・二項により保障されるもの）と捉えるのが適切と考えています。その保障は、それゆえ、制限事由によって正当化されるかどうかを問うまでもなく、絶対的なものと捉えるべきであり、自由権規約委員会の認識も今後その方向で深化していくことを期待しています。

〈良心的不服従〉としての起立斉唱拒否

日の丸・君が代起立斉唱強制にあらがう教員たちの行動は、公的な目的のために特定の命令を非暴力的な手段で拒否するものにほかならず、寺島俊穂先生は、これを〈市民的不服従（civil disobedience）〉の一つに類型化しています。寺島先生は、こう述べています。「市民的不服従とは、特定の法律や政府の政策に対して自覚的に従わない行為であり、非暴力でなされる。それは、抵抗権行使の現代的形態でもあり、国旗国歌法への不服従や兵役拒否から戦争阻止のための非暴力直接行動にいたるまで多様な形態をとっている。市民的不服従は、個人で行うこともできれば、運動として集団的に取り組む場合もある[2]」。

もっとも、学問的に少し細かく言うと、教員たちの行動は、どうしても従うことができない命令などに対する個人的な抵抗に焦点を当てた〈良心的拒否（conscientious objection）〉という概念により馴染むものと考えることもできるかもしれません。しかしこの分野の碩学である寺島先生は〈市民的不服従〉という概念の中にそれを含ませており、また、実際のところ、良心的拒否と市民的不服従の区別は、理論上はともかくも、往々にして判然としなくなるのが実情です。そこで、ここでは、両者を包み込む〈良心的不服従（conscientious disobedience）〉[3]という言葉を用いて説明していくことにします。

良心的不服従は、国際法上、重大な不正義を強いる上官命令に抵抗する「義務」として現われ出てきました。たとえば、アジア太平洋戦争時における重大な国際犯罪を裁くための一九四六年・極東国際軍事裁判所憲章（六条）は、次のように定めています。「何時たるとを問はず被告人が保有せる公務上の地位、若は被告人が自己の政府又は上司の命令に従ひ行動せる事実は、何も夫れ自体当該被告人をして其の間擬せられたる犯罪に対する責任を免れしむるに足らざるものとす」。

要するに、上官の命令に従ったことを理由に国際犯罪についての刑事責任を免れられるわけではない、と定めているのですが、その旨は、二〇〇二年に発効した国際刑事裁判所規程三三条にも引き継がれています。ヨーロッパ人権裁判所の判例にも、かつての共産主義体制下において、上司の命に従って重大な不正義に加担した公務員の行為を厳しく裁断するものが見られます。理性と良心を有する人間として命令を拒否する義務があったのに、その命令に抗しなかったことを難じる司法判断です。

教員たちが、日の丸・君が代起立斉唱を求める職務命令に背馳する理由・動機の一つは教育者としての信念にあります。教育職員だからこそ職責として起立できないということであり、そこでは良心に基づく義務としての拒否・不服従が意識されていることがうかがえます。

しかし、先述のとおり、現在の国際人権法は、良心的不服従を、個人の義務にとどまらず、権利

（基本的人権）として擁護する段階に立ち至っています。義務の意識にも後押しされた良心的不服従の行為は、思想・良心の自由という基本的人権の一部として明確に保護される対象に昇華しているのです。

一九九九年に国旗・国歌法が制定された際、内閣は諸外国の国旗・国歌の取り扱いに関する調査結果を明らかにしましたが、学校において国歌の一律斉唱を求めているところは欧米諸国（英米独仏伊カ）にはありませんでした。斉唱を義務づけていると記載されていたのは中華人民共和国だけです。その後の各国の取り扱いについてはつまびらかでありませんが、国際人権法にもとづけば、自らの信念に反する起立斉唱命令にあらがう良心的不服従の行為は、現在では紛れもなく基本的人権として保護されるべきものであることに違いありません。

政府や自治体などの公的機関には、国際社会の規範的要請をきちんと踏まえた取り扱いを行う法的義務が課せられています。その義務をしっかり果たしてもらうよう、私たち市民は粘り強く求め続けていかなくてはなりません。

1　Grégor Puppinck, *Conscientious Objection and Human Rights: A Systematic Analysis*（Brill, 2017）, p.20.
2　寺島俊穂『市民的不服従』（風行社、二〇〇四年）五頁。
3　William Smith and Kimberly Brownlee, "Civil Disobedience and Conscientious Objection", *Oxford Research Encyclopedia*, published online 24 May 2017.

日本はなぜ国際人権勧告を拒否するのか

前田　朗

二〇二三年、広島で開催されたG7（広島サミット、主要国首脳会議）で、日本は主催国として大いに活躍したと報道されました。

しかし、経済協力開発機構（OECD）の主要統計を見ると、国内総生産（GDP）や経済競争力では、日本は加盟国の中で最下位争いをしています。世界経済フォーラムが毎年公表するジェンダーギャップ（特に女性の政治的社会的地位）を見ると一四六カ国中一二五位となっています。

いわゆる先進国で死刑制度を維持しているのはアメリカと日本だけです。警察代用監獄を利用した誤判・冤罪の多発は深刻な人権侵害です。入国管理の外国人収容センターでは外国人が次々と死亡しています。障害者やLGBTなど性的マイノリティに対する差別も改善していません。

かつて「経済先進国・人権後進国」と評されていましたが、今では「経済後進国・人権後進国」と化し、国際的に「日本病」が語られています。日本はなぜ人権後進国になってしまったのでしょうか。ここでは「経済先進国」と「人権後進国」の関連を読み解きながら考えてみましょう。

経済大国日本の過信と現実

一九六〇～八〇年代の日本は経済成長を誇り、「GNP世界二位」「経済大国」と呼ばれました。ソニーやトヨタが世界を席巻し、「ジャパン・アズ・ナンバーワン」を誇り、「日本文化論」と呼ばれた学問分野では、日本人はなぜ優秀なのかがテーマとなりました。朝鮮戦争・ヴェトナム戦争による戦争特需をバネに、日本経済は急速な発展を遂げ、アメリカ・EU・日本が三極とされるほどでした。人々の生活はどんどん豊かになり、TV、冷蔵庫、洗濯機が当たり前となり、マイカーも次々と新製品が発売されました。経済統計は右肩上がりで、人々は「明日はもっと良くなる」と信じました。

とはいえ、社会のすべてがそう簡単に変わるわけではありません。自由主義が社会を改革しましたが、保守主義も底流に温存されていました。家父長制が残存し、男性中心主義に変わりはありません。首都圏をはじめとする都市と地方の農村の間の格差も大きくなりました。経済成長に伴う生産力の発展は環境汚染を引き起こしました。社会が大きく変動する中で様々な問題が見えてきました。

八〇～九〇年代、国際社会は国際人権法という法体系を発展させました。一九四八年の世界人権宣言、六五年の人種差別撤廃条約、六六年の国際人権規約（自由権規約、社会権規約）、七九年の女性差別撤廃条約、八四年の拷問等禁止条約により、国連人権の基本条約が採択され、国連人権委員会（現在の国連人権理事会）や条約に基づく人権委員会が整備され、国連人権高等弁務官事務所（UNHCR）が設置されました。人権機関の多くがジュネーヴ（スイス）に設置されました。八〇年代後半、ジュネーヴから国際人権の波が日本に押し寄せてくることになりました。

最初に大きなテーマとなったのは精神病院における精神障害者の人権問題でした。この時、日本政府は人権侵害の事実を認め、改善のために精神衛生法を改正して精神保健法を制定しました。「日本が速やかに改善努力を行なった」と高く評価されました。

しかし、それ以外の分野では改善努力があまりなされませんでした。九〇年代前半、三つのテーマが焦点となりました。第一に代用監獄における拷問や強制自白による誤判・冤罪・人権侵害、第二に死刑問題、第三に日本軍性奴隷制（慰安婦）問題です。この三つについて、日本政府は改善ではなく反発の途を選択しました。「日本文化論」を背景に「日本には日本独自の道がある」と考えたようです。経済大国の自信と人権後進国の現実との間で、日本は羅針盤を持たないまま漂流し始めました。

「失われた三〇年」の転落――「こんなはずじゃなかった日本」

一九八九年のソ連東欧社会主義圏の崩壊による「冷戦」の終焉は世界を激変させました。冷戦崩壊は「歴史の終わり」（フランシス・フクヤマ）を印象付けました。二一世紀の世界は「資本主義対社会主義」でも、アメリカ・ＥＵ・日本の三極でもありません。資本主義の古巣・欧米諸国と、急成長を遂げた中国・インドなどアジア諸国の利害が激突する経済競争の世界となったのです。日本は主役どころか、脇役でさえなくなる危機に陥っています。「歴史の終わり」が訪れたのは日本だけでした。

一九九〇年代の日本経済は「失われた一〇年」と呼ばれましたが、「失われた三〇年」となってしまいました。世界経済をリードした日本企業は見る影もありません。転落を押しとどめるために取り組んだのは「カンフル剤」です。しかし「アベノミクス」は期待された効果を発揮できません。覚せい剤に手を出しても良いことはありません。次に取り組んだのが経済統計偽装です。こっそり数値を書き換えて、「日本は実はすごいんだ」と胸を張る妄想の世界です。TVのバラエティー番組では「世界が称賛する日本」「日本は素晴らしい」という番組が急増しました。「日本文化論」のバラエティー版です。現実から目を背けることが日本政治の常套手段となります。

「こんなはずじゃなかった日本」という欲望が社会を支配します。「慰安婦はいなかった」「強制連行はなかった」「南京虐殺はなかった」――あらゆる歴史修正主義が猛威を振るいます。

二〇一三年、国連人権機関からの勧告に対して、安倍晋三内閣（当時）は「人権勧告は拘束力がないから守る必要はない」と閣議決定しました。国連拷問禁止委員会で、刑事司法における人権侵害を指摘されると、日本大使は「黙れ」と怒鳴りました。迷走はとどまるところを知りません。

「日本人拉致問題を取り上げるな」

二〇一八年、国連強制失踪委員会で日本は妄想を爆発させました。

日本政府は初めて報告書を提出し、一八年一一月五～六日、委員会審査に臨みましたが、事前に国内でメディアや関係者にも繰り返しレクチャーし、拉致問題に力を入れているとアピールしました。「強制失踪委員会が日本人拉致問題について勧告を出す」と大宣伝しました。ところが思いがけない事態になりました。強制失踪委員会は拉致問題を取り上げなかったのです。委員会が質問したのは日本軍「慰安婦」問題でした。

一日目（一一月五日）の審査直後、日本代表団はパニック状態だったと言います。審査会場のパレ・ウィルソン（国連人権高等弁務官事務所）の一階ロビーで日本大使が怒鳴りちらしていました。二日目（翌六日）の審査までに、日本は対応を決しなければなりません。というのも、日本は「慰安婦問題は条約締結以前の問題だから、委員会が取り上げるべきではない」と主張しました。となると、拉致問題も条約締結以前の問題だから、委員会が取り上げてはならないことになります。「拉致問題が取り上げられる」と宣伝してきた日本は自分で自分を窮地に追い込みました。「慰安婦」問題か、拉致問題か、予想外の二者択一を迫られたのです。

大使レベルで判断できる問題ではありません。日本代表団は必死の思いでジュネーヴから東京に連絡を取ったはずです。当然のことながら官邸の判断しかありえません。この間の事情は不明です。推測ですが、安倍首相の判断で、「慰安婦」問題を取り上げさせないことを優先したようです。二日目、日本は改めて「条約締結以前の問題を委員会は取り上げるべきでない」と主張しました。「日本人拉致問題を取り上げるな」という驚愕のメッセージです。大使の手はわなわな震えていたと言います。

一一月一九日、委員会から「慰安婦」問題の解決を求める勧告が出ました。これに対して一一月三〇日、日本政府は猛烈な抗議の手紙を叩きつけました。「条約は本条約が発効する以前に生じた問題に対して遡って適用されないため、慰安婦問題を本条約の実施状況に係る審査において取り上げることは不適切です」。「国連に求められる不偏性を欠き、誠実に条約を実施し審査に臨んでいる締約国に対し非常に不公平なやり方といわざるを得ません」と、常識外れのクレームです。ここまで来ると後戻りはできません。安倍政権は拉致問題を切り捨ててでも、「慰安婦」問題の責任回避を優先したのです。驚くべきことに、この事実は日本では一切報道されていません。「委員会が拉致問題を取り上げる」という大宣伝は見事に忘れられました。日本政府もメディアもこの件に一切言及していません。一〇社に及ぶメディア企業が取材していたのに、沈黙あるのみです。政府への忖度でしょう。

「目には目を、陰謀には陰謀を」

経済成長の物語を喪失した日本は縋（すが）るべき物語を探し、必死に息を吸いながら漂流を続けています。しかし、藁一本見つかりません。超高齢化と大幅な人口減少が続く日本は物語世界から脱落し始めています。「弱り目に祟り目」と言いますが、「縮む日本」は「陰謀論」の深みにはまりつつあります。

日本軍性奴隷制（慰安婦）問題で、韓国の彫刻家が制作した「平和の少女像」が韓国各地に設置され、日本政府は猛反発しました。少女像は台湾、フィリピン、アメリカや欧州にも広まりました。そこで登場したのが「歴史戦」です。「歴史認識」をめぐる「戦争」を呼号する勢力は、「国連人権勧告は反日勢力の陰謀のせいだ」と主張し始めました。韓国、中国、朝鮮（朝鮮民主主義人民共和国）、そして在米朝鮮人や在日朝鮮人などの陰謀によって日本が貶められているという恐怖に襲われます。恐怖が反転して攻撃になります。日本社会は在日朝鮮人等に対するヘイト・クライムを激化させます。ウトロ放火事件、コリア国際学園放火事件が次々と起きています。事実から目を背け、「美しい日本」だけを見たいというアベ的欲望は、望ましくない事実を消去し、歴史の歪曲に走ります。「目には目を、陰謀には陰謀を」が日本のスローガンとなります。

このメカニズムはあらゆるテーマに波及します。日の丸君が代問題におけるＣＥＡＲＴ勧告は陰謀の所産に違いない。誰かが陰謀を仕組んで、ＣＥＡＲＴをだまして勧告を引き出したはずだ、と。国際自由権委員会からも勧告が出ても、だから改善すべき点だという話にはなりません。逆に「やっぱり陰謀だ」という補強証拠になります。犯人探しが始まります。

これに事実の否認が続き、日の丸君が代の美化と強制が強まります。「強制は強制なきを旨とする」形で、この国を染め上げるまで続くでしょう。矛盾を矛盾と認識できない精神は、反省することさえできません。日本が国際人権勧告を拒否する理由が見えてきます。

それでは日本には絶望しかないのでしょうか。必ずしもそうではありません。大逆転は訪れないでしょうが、上手に漂流しながら生き延びる途はまだあります。経済が低迷し、国債という借金漬けになっているとはいえ、社会資本はそれなりに維持されています。何よりも人材はまだまだ豊富です。アスリートの世界では、プロ野球の大谷翔平をはじめ、世界で大活躍する若者が増えています。多方面多分野で活躍する若者の姿に励まされつつ、日本が次の道を探し当てることもあるかもしれません。

三・一一のフクシマ原発事故はこの国の頽落の象徴でしたが、それで日本が終わった訳ではありません。人々の思いを繋げる取り組みが日本全国に自生したことは記憶に刻まれています。

長い漂流の果てにこの国がどこに、どのようにしてたどり着くのかは、これからの市民の努力次第です。ＣＥＡＲＴや自由権委員会で人権を求めた闘いは「精神的資本」として引き継がれるべきです。人権に優しい社会を作るために、できることは山のようにあります。

資料② 教員の地位に関する勧告（一九六六年）

6 教職は、専門職と認められるものとする。教職は、きびしい不断の研究により得られ、かつ、維持される専門的な知識及び技能を教員に要求する公共の役務の一形態であり、また、教員が受け持つ生徒の教育及び福祉について各個人の及び共同の責任感を要求するものである。

46 教員は、教員としての地位又は分限に影響を及ぼす恣意的処分から十分に保護されるものとする。

49 懲戒事案を取り扱う機関を設置する場合には、教員団体と協議するものとする。

50 すべての教員は、懲戒手続の各段階において公正な保護を受けるものとし、特に次の権利を享受するものとする。

a 懲戒処分に関する事項及びその理由について文書で通知を受ける権利

b 事案の証拠を十分に知る権利

c 弁護の準備のために十分な時間を与えられて、自己を弁護し及び自己の選んだ代理人によって弁護を受ける権利

d 決定及びその理由を文書で知らされる権利

e 明確に指定された権限のある当局又は機関に不服を申し立てる権利

51 当局は、教員が同僚の参加の下に審査される場合には懲戒及び懲戒の保障の効果が著しく高められるということを認識するものとする。

61 教員は、職責の遂行にあたって学問の自由を享受するものとする。教員は、生徒に最も適した教具及び教授法を判断する資格を特に有しているので、教材の選択及び使用、教科書の選択並びに教育方法の適用にあたって、承認された計画のわく内で、かつ、教育当局の援助を得て、主要な役割が与えられるものとする。

79 教員の社会的および公的生活への参加は、教員の個人的発達、教育事業および社会全体の利益のために奨励されなければならない。

80 教員は市民が一般に享受する一切の市民的権利を行使する自由をもち、かつ、公職につく権利をもたなければならない。

資料③ 国旗及び国歌に関する法律（一九九九年）

（国旗）

第一条 国旗は、日章旗とする。

2 日章旗の制式は、別記第一のとおりとする。

（国歌）

第二条 国歌は、君が代とする。

2 君が代の歌詞及び楽曲は、別記第二のとおりとする。

※別記は省略

第三部
「日の丸・君が代」問題を深める

第三部執筆者略歴（執筆順）

小野雅章（おの・まさあき）日本大学文理学部教授。専門は、近代日本教育史。主に天皇制と教育との関係について、実証的な考察を進めている。著書「御真影と学校『奉護』の変容」東京大学出版会、「歴史を社会に活かす」東京大学出版会、「教育勅語と学校教育」世織書房他多数。

中田康彦（なかた・やすひこ）一橋大学社会学研究科教授。専門は、教育法制、教育政策、教育行政。米国や日本の教員人事考課制度を直接の素材として、教育の自由・教育権の内実の原理的解明、具体的に保障する制度・しくみづくりを探究。共著「教師の専門性とアイデンティティ」勁草書房、他多数。

中嶋哲彦（なかじま・てつひこ）愛知工業大学教授。名古屋大学名誉教授。専門は教育行政学、教育法学。日本教育政策学会会長。教育の自由と自治の問題を、制度と運用の両面から探究している。主な著書に『国家と教育―愛と怒りの人格形成―』（青土社）、『教育委員会は不要なのか』（岩波書店）他多数。

学校儀式と天皇・天皇制——教育勅語発布以降の学校儀式の変容

小野雅章

一八八九年の学習指導要領改訂で卒業式・入学式における国旗掲揚と国歌斉唱が義務化（強制）になりました。一九五八年の学習指導要領改訂からそれまで、国民の祝日などの学校行事で国旗を掲揚し、国歌を斉唱することが「望ましい」との奨励でしたから、これは文部行政の大転換でした。国民の祝日の学校儀式は、元旦、天皇誕生日など戦前の三大節との関連性が深いものでしたが、卒業式・入学式は直接的に天皇・天皇制に関わる儀式的行事ではありません。しかし、教育勅語の発布を契機にして、これらの儀式も天皇・天皇制教化の「装置」へと転換しました。以下、そのことを歴史的に論証したいと思います。

近代学校の発足と学校儀式

学制発布（一八七二年）の近代学校の発足当初からの学校儀式として、開校式・開講式と新年祝賀式があります。開校式・開講式は学校沿革史などで確認できますが、その内容は定型化されず多様でした。新年祝賀式は、地域の教育関係者が参集し、孔子と菅公（菅原道真）の軸を掛け、鏡餅・お神酒を供える、新年を祝う儀式でした。その内容は時代とともに変化し、孔子と菅公の軸は天皇の軸になり、次第に国家を意識する儀式になりますが、国家神道や国体とは関係性は深いものではなく、参列者は教育関係者に限られ、子どもたちの姿のないものでした。

卒業式（卒業証書授与）も、明治初期から確認できます。発足当初の近代学校は、近代化に貢献する人材の養成を最優先課題にしていました。当時の学校は等級制を編成原理とする、厳格な試験をともなう制度でした。個人の学習の結果が評価の基準であり、試験の結果として原級留置（落第）措置も厳格に行われました。卒業は厳しい試験に打ち勝った「証」を意味していました。その当時の卒業証書授与は、早朝から夜遅くまで行われた大試験とその合格判定の後に行われました。卒業証書授与には成績優秀者への褒賞もありました。その形態も個人に対しての証書授与だけのものから証書授与式を行うものまで様々でした。

初代文部大臣森有礼による国家祝日の学校儀式

明治一四年の政変を経て、明治政府はプロイセン王国を範とする近代化をめざしました。これを教育の面で推進したのが初代文部大臣森有礼でした。森は第一次小学校令、及び「小学校ノ学科及其程度」（何れも、一八八六年）により、小学校を立憲君主体制下の「臣民」育成の「装置」にするための政策を進めました。そのひとつが、御真影（天皇・皇后の肖像写真）を学校に「下賜」し、国家の祝日（紀元節・天長節）に児童・生徒を学校に集め、それへの「拝礼」と唱歌斉唱、校長訓話を主な内容とする祝賀式の実施を内訓や演説などを通して奨励しました。その後、御真影の「下賜」範囲は、一九二八年には、全ての学校へと拡大しました。

森文政期以降、日本の学校は等級制を編成原理とする個別主義から学年制・学級制を編成原理とする集団主義へと変化しました。「良キ人物ヲ作ルヲ第一トシ学力ヲ養フヲ以テ第二トス」との方針のもと、学校は天皇を国家元首として戴く立憲君主国家の「臣民」を養成する「装置」になりました。これ以降、学校は天皇・天皇制と密接不可分の関係を持つことになりました。ただ、森文政期の学校儀式は、紀元節と天長節という国家の祝日に限定され、神道祭祀と関係のある祭日は含まれていません。森有礼の教育政策は、日本の近代化を促進させ立憲君主制国家建設に寄与する人材の養成を目的にしており、忠孝など復古主義的な儒教主義教育を全面否定するなど開明的な面がありました。

教育勅語の発布と近代日本の教育理念の確定

教育勅語の発布（一八九〇年一〇月三〇日）により、戦前日本の教育理念が確立しました。教育勅語発布は、森文政否定の意思が込められていました。明治憲法（一八八九年二月一一日発布）は、万世一系とする天皇が主権を持つ欽定憲法です。しかし、制限はあるものの、近代国家の体裁を整えるために国民（臣民）には信教の自由、言論・出版・集会・結社の自由が認められていました。そのため、政権内保守派は一層の近代化が進むことに危惧を持ち、そのための「足枷」を模索していました。その「足枷」が教育勅語でした。

森有礼は、明治憲法発布当日、宮中に向かう途中に暴漢に襲われ横死しました。これを契機にして教育政策は復古的な方向へと向かい、教育勅語の発布に帰結しました。一八九〇年二月に地方長官会議が開催されました。そこで、徳育不振を憂いた地方長官が「徳育涵養ニ付建議」を採択し、首相山県有朋・文相芳川顕正に提出しました。これが直接的な契機となり教育勅語の起草が開始されました。山県有朋は、当初その起草を帝国大学文科大学教授中村正直に依頼しました。中村起草案は、宗教に人倫を求める内容で、近代立憲国家の原則からは逸脱したものでした。山県はこれを法制局長官の井上毅に意見を求めました。井上は、近代国家において君主が特定の宗教や思想を「臣民」に求めることは近代立憲国家の原則に反するとの見解を示し、これに反対しました。山県は、井上の意見を採り入れますが、教育勅語の作成をあきらめることなく、草案作成を井上毅に依頼しました。当初は難色を示していた井上ですが、山県は天皇側近の保守派宮中官僚の元田永孚を通した説得により、これを受諾しました。教育勅語は、井上の案文に元田が意見を加えるかたちで文案が練られました。

教育勅語は、国体史観に立脚する日本の独特の国柄である「国体」が日本の教育の拠りどころであると規定しています。日本の教育理念を国体史観による歴史的存在であると同時に統治制度の頂点に立つ天皇・天皇制に求め、教育との一体関係を強調するところに大きな特徴があります。教育勅語の発布を契機に、日本の教育と天皇・天皇制とは一体不可分の関係になりました。

教育勅語発布と学校儀式の性格の変化

明治政府は、勅語発布翌日の一八九〇年一〇月三一日に「文部省訓令第八号」を発し、式日における教育勅語の「奉読」を求めました。こうして、森有礼が発案した国家祝日の学校儀式に国体主義的な要素が加わりました。教育勅語発布と同時期に第二次小学校令が発布（同年一〇月八日）されました。その第一五条には、「祝祭日大祭日ノ儀式等ニ関シテハ文部大臣之ヲ規定ス」との条文が含まれていました。森文政期には、国家祝日の学校儀式は、内訓や演説を通しての推奨レベルで進められましたが、第二次小学校令発布以降は法令により、祝祭日儀式の挙行を義務としました。これが、「小学校祝日大祭日儀式規程」（一八九一年六月）です。これにより、御真影への「最敬礼」、教育勅語「奉読」、式日用唱歌斉唱、校長訓話という学校儀式の基本的な形式が定められるとともに、従来は国家祝日と一月一日としていた式日に、国家神道の祭日である大祭日を加えました。祝祭日学校儀式が法令（文部省令）により規定され、その実施が強制されることになり、国体史観にもとづく天皇・天皇制が学校教育のなかに深く浸透することになりました。

制度化された祝日大祭日学校儀式は、当時の人々の生活から全く乖離していたこともあり、受容されるまでに修正と調整が施されました。最初に手を付けたのが「最敬礼」の方法の統一でした。その後、儀式用唱歌の整備、教育勅語の読み方など、「奉読」方法の統一が行われました。義務化された祝日大祭日学校儀式でしたが、式日の多くは民衆の生活サイクルと無関係なものであったため、森文政期からの式日（紀元節・天長節・一月一日）以外の儀式への出席率は低調を極め、出席率は通常の五分の一以下との報告があったほどでした。その対策として、儀式挙行を義務とする式日を三大節に限定して、他は各学校の任意で実施としました。「小学校祝日大祭日儀式規程」制定後一〇年をかけて、祝祭日学校儀式の補強と整備を行いました。その結果、戦前日本の祝祭日学校儀式は「小学校令施行規則」第二八条によって規定され、儀式挙行を義務とする式日は三大節（一月一日・紀元節・天長節）とし、式次第は①君が代斉唱、②御真影への「最敬礼」、③教育勅語「奉読」④校長訓話、⑤

式歌斉唱と定めました。これは「国民学校令施行規則」の第四七条にも引き継がれました。

定型化された三大節学校儀式は、中等学校（旧制中学校・高等女学校・師範学校）のそれにも準用されました。旧制中学校については、「中学校令施行規則」（一九〇三年三月）で三大節に「職員及生徒学校ニ参集シテ祝賀ノ式ヲ行フヘシ」（第一九条）と規定されました。高等女学校については「高等女学校令施行規則」（一九〇三年三月）、師範学校については、「師範学校規程」（一九〇七年四月）により、それぞれ中学校に準ずるものとされました。中等学校関係の法令に儀式の内容に関する条文はありませんが、学校要覧や沿革史などによると、「小学校令施行規則」第二八条に規定する儀式と同じであったことが確認できます。

天皇制教化の「装置」としての学校儀式の基盤の確立

教育勅語の発布により教育理念が確立した日本の近代学校は、明治初期の個別主義による個人の立身出世を促す「場」から、教育勅語にもとづく集団主義による天皇制国家の「臣民」養成の「場」へと性格が変容しました。その結果、学校教育全体が国体主義にもとづく天皇・天皇制へ奉仕する「臣民」を養成する内容になりました。すべての学校儀式が天皇・天皇制教化のための「装置」に再編されました。この傾向は明治天皇の権威が確立した日露戦後以降に顕著になりました。一九一〇年代以降の学校要覧や一覧に記載されている「儀式規程」には、三大節学校儀式の他、教育勅語奉読式、戊申詔書奉読式、卒業式・入学式、始業式・終業式などの諸儀式が含まれるようになりました。これら儀式の内容ですが、法令により定められた三大節祝賀式を最も重要な儀式に位置づけ、それ以下は天皇・天皇制との関係でその内容に軽重をつけて序列をつけました。
そのなかで、明治初期の学校儀式と比べてその内容が大きく変化したのが卒業証書授与（卒業式）・入学式でした。上述の通り、当初の卒業証書授与（卒業式）は、個別主義の学校観にもとづき卒業生個々の成果を讃える儀式でしたが、学校そのものが集団主義的色彩を強め、天皇制国家に奉仕する「臣民」を養成する「装置」へと変化するとともに、卒業式は天皇制に奉仕する「臣民」として必要な教育を受けた「証」の儀式になり、入学式は「臣民」としての教育を受ける心構えを確認する「場」になりました。学校儀式で国歌斉唱と国旗掲揚を強制するのは、これまで検討してきた戦前の天皇・天皇制教化の「装置」としての機能をそのまま受け継ぐものであると指摘できます。

〈参考文献〉
小野雅章『教育勅語と御真影　近代天皇制と教育』（講談社現代新書、二〇二三年）
小野雅章「明治期の天皇制教化と学校儀式」日本大学文理学部人文科学研究所『研究紀要』第一〇六号、二〇二三年九月。

セアート勧告について

中田康彦

1　セアートとは

セアート（Joint ILO-UNESCO Committee of Experts on the Application of the Recommendations concerning Teaching Personnel, CEART）とは、一九六六年に出された「教員の地位に関する勧告」と一九九七年に出された「高等教育における教員の地位に関する勧告」の実施状況を調査し、勧告の実施・普及に向けて提言するＩＬＯ・ユネスコの共同専門家委員会のことです。

ＩＬＯとユネスコのそれぞれから、地域・性などのバランスをとりつつ、六名ずつの専門家が選出されています（任期三年）。それぞれの専門家は、法律、労使関係、教育などの分野に及び、どちらから推挙されたかにかかわらず、各自が独立性をもって参加しています。

二〇二二年一月～二〇二四年一二月までが第一五会期となっています。日本からは、勝野正章氏（東京大学教授）が第一〇会期から第一三会期（二〇〇七年一月～二〇一八年一二月）まで、ＩＬＯから選出されていたことがあります。

セアートの役割は、①教員や教育がおかれている状況を定期的に検討し、報告書や勧告を作成する、②各国もしくは国際的な教員組織からの、「勧告」違反に関する申し立て（アリゲーション）を受理し、各国政府に勧告を出す、ことです。

二〇二一年一〇月に報告書がまとめられた第一四会期には、アルゼンチン、フィジー、イギリスからの申し立て（アリゲーション）について審査が行われました（アルゼンチン・イギリスは大学教員団体からの申し立て）。セアートでは申し立てを受理すると、当該国の政府にその内容を伝えて回答を求めます。その回答を申し立て団体にフィードバックして意見を求めるといったやりとりを経る中で把握した事態をもとに勧告を作成するのです。

これまで日本からは、以下の申し出がなされてきました。

二〇〇四年　全教・なかまユニオン　指導力不足教員認定制度、教職員評価育成システム
二〇一二年　東京都学校ユニオン　歴史教育をめぐる懲戒処分
二〇一四年　全教　超過勤務、非正規教員の身分
二〇一四年　アイム'89　日の丸・君が代
二〇一四年　大阪府英語教員組合（OFSET）　外国籍教員の地位
二〇一六年　なかまユニオン　大阪府教職員評価育成システム

二〇〇八年には、全教・なかまユニオンからの申し立てを受け、ＣＥＡＲＴ委員が来日し、実態調査が行われています。

勧告を出した後どうなっているかフォローアップするのもセアートの役割の一つです。申し立て団

体と連絡をとり、当該国政府の説明を求め、やりとりを経る中で把握した事態をもとに追加の勧告を出すのです。第一四会期には、以前勧告を出した申し立ての中からアイム'89、なかまユニオンに関するフォローアップがなされました。

2 「教員の地位に関する勧告」(一九六六年一〇月五日) とは

「勧告」とは、国際機関が各国政府に対して発し、各国での適用を要求するものです。条約と異なり、各国政府が署名・批准することを条件としていませんが、強い説得的効果をもつ国際文書です。そして加盟国は、その勧告を承認していようといまいと、その条項について熟知していなければならないとされています。

セアート勧告の起点となった、一九六六年「教員の地位に関する勧告」について触れておきましょう。一九六六年勧告は、就学前から中等教育までのすべての学校レベルの教師を対象としており、教員の養成・研修、採用、昇任、テニュア(在職保障)、懲戒手続、パートタイム雇用、職業上の自由、監督と評定、責任と権利、教育的意思決定への参加、交渉、効果的な教育・学習のための条件、社会保障など、教員の地位と権利のあり方について包括的に述べています。

特に注目される条項としては、専門職としての教師(第六項)、専断的行為からの保護(第四六項)、学問の自由(第六一項)、市民的自由(第八〇項)などがあります(後掲《資料編》参照)。

3　一九六六年「勧告」はどのように生まれたのか

第二次世界大戦後、教育への関心が高まる一方で、有資格教員が世界的に不足している状況でした。このため、教員の質と量を確保する必要性が広く存在していたのです。

ＩＬＯとユネスコは、一九六一年から、教員の地位に関する国際調査を開始しました。そして一九六五年には勧告草案と経過報告書を作成し、各国政府や国際的教員団体に送付しました。この時、日本を含む四六ヵ国政府と八国際教員団体から反応がありました。

一九六六年一月にはＩＬＯ・ユネスコ合同専門家会議が開かれ、二〇ヵ国から政府推薦の専門家と（日本は相良惟一京都大学教授）、二〇団体から三四名のオブザーバー（ＷＣＯＴＰから槙枝元文日教組委員長）が参加しています。同年九月から一〇月にかけてユネスコ主催で教員の地位に関する特別政府間会議が開かれ、加盟七五ヵ国、準加盟一ヵ国の全会一致で採択されました。

日本国政府は採択自体には賛成しましたが、決して積極的だったわけではありませんでした。①各国には特殊性があるのだから、勧告の「画一的実施」を求めてはならない、②教師は公務員であって、民間企業一般で働く人のような労働者性を持ち合わせているわけではない、と主張し、後にセアートとなる実施監視委員会の設置に関する投票では棄権していました。また、教師の職業上の自由についても「行政機関の決定の範囲内で認めらるべき」で、「当局の完全な協力者」である限りにおいて政策決定への参加を認めるという立場をとりました。

それなのに政府が採択することに投票したのはなぜでしょうか。政府推薦の専門家として一連の制定過程に参加した相良惟一氏は、「もっと転換を迫られているのは、日教組の教師観であらねばならない。それは、教師労働者説を一てきして、専門職理論を採用することを意味する」と書いています。

一九六六年勧告が出される前年、ＩＬＯ結社の自由に関する事実調査調停委員会から日本国政府に対し、いわゆるドライヤー勧告が出されていました。マッカーサー指令による全労連解散処分と、その後の公務労働者の団結権の制約を問題視したもので、日本国内では公務労働における労働者性の回復をめぐる気運が高まっていました。

他方で、国際的には教師を労働者性と専門職性をともにそなえた職種として位置づける理論的試みが行われていました。医師・法曹といった既成専門職がもつ属性（職務の公共性、専門技術性、専門的自律性、専門職倫理、社会的評価）との対比で教師労働にも専門職性が見出されると主張したのです。Ｍ・リーバーマンの教育専門職論（一九五六）は、専門職の自律性とともに、専門職として団体折衝を行う労働基本権を主張するものでしたし、Ｒ・Ｇ・コーウィンの専門職被雇用者論（一九六九）は、専決権と集団統制権の理想的状態に向けた入職者の教育水準、権威と経済的地位、職業的自律性を掲げるものでした。こうした論調を受け日本教職員組合は、専門職性と労働者性を止揚した専門職労働者として教師を位置づけようとしていましたが、政府側は専門職と位置づけることによって公務労働者の労働者性を否定しようとしていたのです。

しかし、労働者性をめぐっては見解の対立が残る一方で、教師が専門職（であるべき）という点でこの時に合意されたのは事実です。この点は忘れてはならない重要なポイントです。

4　今後に向けた課題

セアート勧告に限らず、子どもの権利条約のような条約レベルであっても、世界各国の議論の中で抽出された最大公約数としての国際基準を順守しようとする意識が日本国政府は弱いようにみえます。また、手続的権利の保障（一九六六年勧告第五〇項）に対する意識が希薄なことも特徴です。セアートは異議申し立て（アリゲーション）を受け付け、一九六六年勧告と一九九七年勧告を実施・普及させるために用意された組織ですが、本来的には国内でも異議申し立ての手続きが保障されるべきでしょう。

それを阻んでいるのが「管理運営事項」という理由づけです。教員の人事・労働条件は地方行政の管理運営事項であり、一九六六年勧告の適用対象外であるという理由で、日本国政府は教員組織との交渉を拒否しているのです。この姿勢は、一九六六年勧告採択当時から変わっていません。

もう一つは教師の自由が保障されていない点です。先述したように、一九六六年勧告の第六一項は教師の学問・教育の自由を、第八〇項は教師の市民的自由が保障されるべきだと述べています。

第六一項では「承認された計画の枠内で、教育当局の援助を受けて教材の選択と採用、教科書の選択、教育方法の採用などについて不可欠な役割を与えられるべき」となっていますが、「承認された計画の枠」が強すぎて、教育内容・方法についての裁量権が実質的に与えられていない状態です。

教育の自由に比べると、市民的自由に関しては、日の丸・君が代訴訟でも一定程度認める判決が出ています。しかし公務員という地位に基づく制限がかかっているため、一九六六年勧告が掲げているような市民的自由が認められたとまではいえません。

一九七一年に制定された「公立の義務教育諸学校等の教育職員の給与等に関する特別措置法」（給特法）は、「教育職員の職務と勤務態様の特殊性に基づき」定められたものですが、専門職性や自由とは無関係でした。その給特法が、教師の働き方改革の中でそのあり方が見直されようとしています。教師の職務の内容と性格を見直す機会が到来しているといえそうです。

〈参考文献〉

相良惟一『教員の地位勧告と教職の専門性』明治図書、一九六七年

嶺井正也・大和田雄一・田口康明著、日本教職員組合編『教育政策決定への教職員と教職員組合の参加―ＣＥＡＲＴ（教員の地位に関する勧告の適用にかかわるＩＬＯ・ユネスコ合同専門家委員会）報告書を読む―』アドバンテージサーバー、二〇〇三年

勝野正章・小島優生・新堀義昭・山田功『「いい先生」は誰が決めるの？　今、生きるＩＬＯ・ユネスコ勧告』つなん出版、二〇〇四年

堀尾輝久・浦野東洋一編著『日本の教員評価に対するＩＬＯ・ユネスコ勧告』つなん出版、二〇〇五年

The ILO/UNESCO Recommendation concerning the Status of Teachers（1966）and the UNESCO Recommendation concerning the Status of Higher-Education Teaching Personnel（1997）with a revised Foreword and Users' Guide, 2016（一九六六年・一九九七年勧告利用ガイドブック（英語））

各種の勧告・報告を含め、ＣＥＡＲＴに関する情報は、次のＵＲＬから得ることができます（英語）。
https://www.ilo.org/global/industries-and-sectors/education/ceart/lang-en/index.htm

空虚な教育介入を押し返す

中嶋哲彦

「君が代」暗記調査

吹田市教育委員会（以下、吹田市教委）が二〇二三年三月、五四の市立小中学校を対象に「君が代」の歌詞を暗記して歌える子どもの数を調査したことが、複数のメディアによって報道されました。この調査は今回が初めてではなく、二〇一二年以降今回を入れて五回も行ったとのことです。吹田市教委は、二〇二三年二月の市議会で自民党市議から「指導の効果を確認したい」など、暗記の状況を尋ねる質問があり、それに答えるためにこの調査を行ったと説明しました。これについて、市長は「教育の現状を把握すること自体は問題ない」と断ったうえで、「内心の自由を侵す可能性があると想起させるような行為だった」と述べて、調査の方法には問題があったと認めました。

「日の丸」への敬礼や「君が代」斉唱の強制などの、教育に対する不当な支配は、これまで何度も繰り返されてきました。批判されれば非を認めざるをえないことが性懲りも無く繰り返されるのです。今回の「君が代」暗記調査の問題点を整理しておくことは有益でしょう。

①国旗国歌法では「君が代」を国歌とすると定めていますが、市民に対して国歌斉唱や国旗の掲揚や敬礼を義務づけてはいません。「君が代」を歌うことも、歌えるようになることも求めていません。したがって、政府や地方公共団体そしてそれらの機関が、そういったことを市民に求めることは、日本国憲法に定める内心の自由・表現の自由に対する侵害に当たります。
②学習指導要領には「国歌『君が代』は、いずれの学年においても歌えるよう指導すること」と書かれています。しかし、歌詞を暗記することはもとより、歌えるようになることも求めていません。求めているのは、「歌えるよう指導する」ことだけです。
③学習指導要領で「歌えるよう指導すること」としていることも問題です。いろいろな歌があるなかで、「君が代」だけは歌えるよう指導する必要があるのはなぜでしょう。「君が代」が国歌だから？しかし、国歌を歌う義務も、歌えるようになる義務もありません。市民皆が「君が代」を歌うことは国家主義者の夢かもしれませんが、国民主権の日本にとって天皇を君主とみなす「君が代」は国歌としてふさわしくないと考える自由もあります。歌えるようにならない自由、歌えても歌わない自由は確実に保障されなければなりません。
④「君が代」の暗記を調査することは、「君が代」の暗記を教育の目標の一つにすることにほかなりません。しかし、そんなことを定めた法律は存在しません。もしも存在したら、その法律は内心の自由を侵害する憲法違反の法律です。憲法違反の調査による教育への不当な支配は許されません（教育基本法第一六条第一項）。市教委には不当な支配から教育を守る責務があるのですから、市議からの調査要求をきっぱり断り、学校を不当な支配から守るべきでした。

⑤市長は「教育の現状を把握すること自体は問題ない」と述べたと報じられています。しかし、ここで「教育の現状」とは、子どもが「君が代」を暗記しているかどうかということです。市議には子どもに「君が代」を暗記して歌えるようにさせたい、その方向に学校教育を誘導したいとの意図があったのですから、市長の「問題ない」発言には問題があります。

⑥調査を求めた市議は「政治信条に基づき、学校現場での国歌の認知度を知りたかった」と述べたと報道されています。政治家である以上、政治信条はおもちでしょう。しかし、自らの政治信条を市民に押し付け子どもの内心の自由を侵す行為は許されません。そのような政治信条は早々にお捨ていただかなければなりません。

繰り返される介入を押し返す

国会議員や地方議会議員の働きかけを受けて、文部科学省や教育委員会がその意図に応える形で、学校に対して不当な圧力をかける事案は何度も繰り返されてきました。たとえば、二〇〇三年七月、東京都立七生養護学校の優れた性教育を、都議や都知事・教育長が不適切と決めつけて、教材を取り上げたり、年間指導計画を強引に変更させる事件が起こりました。しかし、処分を受けた教師らが原告となって都議や都教委を訴えた裁判で、東京地方裁判所も、東京高等裁判所も、七生養護学校の教育に介入した都議の行為とそれを黙認し教員に対して厳重注意処分を行った都教委の行為を違法と認定し損害賠償を命じました。

二〇一七年には、当時の安倍政権が「教育ニ関スル勅語」（教育勅語）を学校の授業で肯定的に扱うことを容認する事件が起きました。教育勅語には普遍的な価値が含まれており、日本国憲法及び教育基本法等に反しないかぎり教材として使用できる、というのです。朝礼での教育勅語の朗読や暗唱・唱和さえ一概には否定しないとさえ言いました。これは教育勅語の復活にほかなりません。

教育勅語は、戦前・戦中に天皇が「臣民」に対して皇国史観に基づく道徳を押しつけ、天皇と国家のために命を投げ出すことを命じた文書です。天皇は現人神であり、日本は神国であるという観念を押し付け、教育を通じて排外主義的・軍国主義的愛国心に導こうとしたのです。教育勅語が、国民主権・基本的人権尊重・平和主義を基本理念とする日本国憲法と相容れないものであることは明らかです。したがって、教育勅語を学校教育において肯定的に扱うことはもってのほかです。

この政府見解に危機感を抱いた教育関連学会が協力して、今日の学校教育において教育勅語を肯定的に扱う余地はまったくないことを明らかにし、政府の教育勅語使用容認答弁に惑わされるべきでないことを教師、学校、教育委員会に訴え、教育勅語の復活を許しませんでした。

このような不当な支配に対しては、決して怯むことなく、粘り強く押し返していくことが大切です。日本国憲法第九七条にも、「この憲法が日本国民に保障する基本的人権は、人類の多年にわたる自由獲得の努力の成果であつて、これらの権利は、過去幾多の試錬に堪へ、現在及び将来の国民に対し、侵すことのできない永久の権利として信託されたものである」と定めています。

教育基本法「改正」の狙いと、その限界

一九四七年三月に公布施行された教育基本法（教基法）は、戦後民主教育の要でした。それだけ

に、一九五五年の保守合同で誕生した自由民主党は、日本国憲法と教基法を敵視し、①日本国憲法と教基法の明文「改正」を党是に掲げ、②これらの解釈を捻じ曲げて日本国憲法と教基法の解釈改憲・解釈「改正」を積み重ね、または③法律の制定・解釈を通じて日本国憲法と教基法を蔑ろにする違憲な立法と行政行為を行ってきました。しかし、半世紀以上にわたって、日本国憲法の「改正」も、教育基本法の「改正」も、反動的保守勢力の思うようには進みませんでした。

しかし、安倍晋三（故人）が政権中枢で主導権を握ると、日本国憲法と教基法の明文「改正」に向けた動きが活発化しました。とくに二〇〇六年九月に第一次安倍政権が発足すると、同年一二月には反対を押し切って教基法「改正」を強行しました。改憲と教基法「改正」は、反動的保守勢力にとって二つで一つの政治課題です。安倍政権も改憲と教基法「改正」を一体のものと考え、教基法「改正」を先行させつつ、その後で改憲に着手する計画でした。この計画は二〇〇七年九月の退陣で頓挫しましたが、野党時代の二〇一二年四月、自由民主党は「日本国憲法改正草案」を発表し同党が理想とする憲法と国家像を示しました。それは、明治憲法への逆戻りを志向するものでした。

本節のまとめとして、二〇〇六年一二月の教基法「改正」の狙いを確認しつつ、現段階での最小限度の情勢分析に基づいて、今後の課題を提示したいと思います。

「改正」された教基法の第二条（教育の目標）には、「豊かな情操と道徳心を培う」（第一号）、「伝統と文化を尊重し、それらをはぐくんできた我が国と郷土を愛するとともに、他国を尊重し、国際社会の平和と発展に寄与する態度を養う」（第五号）と定められています。学校が子どもや学生に国を愛する心を抱かせ、そのような「態度を養う」ための教育を行うことは、子どもの思想良心の自由（日本国憲法条第一九条）を侵害する行為です。また、そのような教育活動を行うよう教師に義務づけ、または懲戒処分などで威嚇して強要することは、教師の教育の自由に対する侵害です。

しかし、この「改正」以後、政府は道徳教育の強化を内容とする教育政策を急速に展開してきました。文部科学省は二〇〇二年から「こころのノート」を、二〇一四年からは「わたしたちの道徳」を発行して、小中学校に配布しこれらの使用を要請しました。さらに、二〇一五年三月には学校教育法施行規則を「改正」し、小中学校などの「道徳」を「特別の教科である道徳」とし、二〇一七年告示の学習指導要領には「特別の教科道徳編」を設けました。学校での道徳教育は二〇一八年に教科化したことで学習指導要領の記述が詳細化し、教科書検定を通じて具体的に指導内容に立ち入った国家介入が行われるようになりました。高等学校では二〇二二年四月から公民科の「現代社会」を「公共」に変え、この科目を小中学校における道徳教育の延長上に位置づけ、これを高等学校における道徳教育の核にしようとしています。

保護者や市民の中にも、市民的公共心や良好な対人関係の基礎の育成を内容とする道徳教育を重視し期待する意見は多く存在します。しかし、反動的保守勢力は、それらとは異質な、支配的価値観や公の秩序の無批判な受容、そして国家や公共への無原則な順応と奉仕を核とする道徳教育を戦後も一貫して追求してきました。道徳の教科化、道徳教材の検定教科書化、道徳教育の高等学校への持ち込みは、反動的保守勢力にとって大きな成果であったにちがいありません。

しかし、日本国憲法を「改正」して日本を戦争のできる国へ転換させたい反動的保守勢力にとって、ほんとうに実現したいのは、自分や身近な人の生命や幸福を犠牲にすることを厭わず、国家的利益のために人を殺し、自らの死を受け入れられる若者を育てることであり、また若者がそのように考えることを励まし駆り立てる風潮を社会全体に充満させることでしょう。戦争を受け入れ、協力する国民を作らないかぎり、たとえ高価な武器を買い集めても戦争は始められません。戦前の日本は、学校教育を通じて、子ども・若者の感情と思考に神懸かり的な国家観や忠君愛国の英雄的人物像を系統的に注入し、またそれに対する合理的批判を封殺することを通じてその課題を実現しました。

安倍政権による教育勅語容認や吹田市による「君が代」暗記調査は、戦前戦中の価値観を今日に蘇らせようとする試みです。しかし、繰り返される不当な支配の中身を見ると、反動的保守勢力が愛国心教育あるいは「国を愛する態度」のコアとなる価値観を戦前的なもの（天皇・君が代・日の丸）以外には見出しえないでいるように思えてなりません。愛国心の強制を志向しつつ、しかしその内実はたいへん空虚なものなのだと思います。

ただ、今日は、ウクライナ戦争や北朝鮮の核兵器・ミサイル実験に直面して、戦前とは異なる内容と形態で国防意識と愛国心が再編集されつつあるのではないでしょうか。学校教育においては、偏った現代社会認識と、それに基づく「合理的」な自己選択の教育として現れてくるでしょう。とすれば、戦前的愛国イデオロギーの再生産の問題に対処するだけでは足りず、国際情勢と現代社会に関する科学的認識を保障することが教育の課題として強く認識される必要があるのだと思います。

資料④ セアート勧告（二〇一九年）

原文：英語　日本語訳：アイム'89東京教育労働者組合　協力：平野裕二　ＩＬＯ／ユネスコ教職員勧告適用合同専門家委員会（ＣＥＡＲＴ）第一三回会期最終報告抜粋（二〇一九年三月ＩＬＯ理事会承認、四月ユネスコ執行委員会承認）

背景

81　この文書は「教員の地位に関する勧告」の適用に関するＩＬＯ・ユネスコ合同専門家委員会（以下、合同委員会と称する）に対して提出された。一九八九年に設立され東京に本部のある独立した教員組合であるアイム'89東京教育労働者組合による申立を扱うものである。当初の申立は二〇一四年八月に行われた。政府が二〇一五年三月にこれに回答し、さらに何度か情報が提出・共有され、政府の最終見解が二〇一六年九月に届けられた。

申立の内容

82　アイム'89が行った申立は、教員が起立して国歌を歌い、国旗に敬礼するよう義務づける方針を中心としたものである。同組合によると、一九八九年に採用されたカリキュラム・ガイドライン（学習指導要領）により、教員は生徒に国旗と国歌を教えるよう義務づけられた。国旗国歌法（一九九九年）が日の丸を国旗、君が代を国歌と定め、国旗掲揚と国歌斉唱が学校の式典全体の標準となった。しかし政府はこうした式典の間に個人が起立したり歌ったりすることは義務づけていなかった。

83　二〇〇三年、東京都は学校の教職員に対し、起立して国旗に正対して君が代を歌うよう義務づける10・23通達を出した。同組合によると、四六三人もの教職員が式典中に起立・斉唱しなかったとして処分されたが、その処分は戒告、減給、停職から研修の強制、勤務評価の引き下げ、昇進見送りに至るまでさまざまであった。起立や斉唱を拒否したため、定年後の通例である再雇用をされなかった教員もいた。一部のケースでは、一人の教員が処分されると、その学校の全ての教員が再教育を受けるよう義務づけられた。

84　同組合によると、そのような方針は教員の思想の自由や良心の自由の侵害である。一部の教員にとっては、国旗と国歌は日本の軍国主義の象徴だからである。

85　さらに、そのような強制により、式典中、教員が障がいを持つ生徒を補助することが難しくなった。同組合はそのような方針の下で処分された教員の四つのケース（減給、停職、強制研修、再雇用拒否）を詳細に示した。東京都教育委員会はそのような教員を中傷する発言を行ったとされる。

86　同組合によると、起立・斉唱の義務づけは、一九六六年の教員の地位に関するＩＬＯ／ユネスコ勧告にある学問の自由、市民的権利の行使、非差別、専門的基準、教員団体との協議、懲戒措置、報酬に関する多くの規定を侵害するものである。

87　この申立に対し、日本政府は、勧告の一部規定は日本の国内法令に合致しないが、政府は勧告の精神を生かすために最大限の努力を行っている、と強調した。政府によると、学習指導要領は学校教育法と学校教育法施行規則の諸規定に基づいている。各学校は国旗と国歌について生徒に助言を与える責任を負っている。二〇一一年六月六日の最高裁判決は、式典中に起立して歌うようにという業務命令は思想・良心の自由に関する日本国憲法第一九条に違反するものではないと認定した。同じ最高裁判決はまた、国旗に向かって起立し、国歌を歌う義務は直接的な政治的意味のない慣習的または儀式的行為に関するものとみなすべきであると認定している。

88　政府が国歌や国旗への尊重を強制したり義務付けたりしないという約束を破ってきたという主張に対し、政府はそのような約束は私人に適用されるものであって職務遂行中の教員には適用されないと回答した。

89　式典が障がいを持つ生徒に不利益をもたらすという申立に対し、政府は、特別支援学校の生徒のニーズを考慮するよう東京都教育委員会が指示を出したことを指摘している。

90　教員に対する懲戒措置に関しては、政府は、減給を含め、講じるべき措置についての裁量権を認めた二〇一二年一月一六日の最高裁判決に言及した。政府はさらに、二〇〇七年七月一九日の東京地裁判決によれば、起立斉唱しなかった「問題の再発を防止するための研修」は思想の自由も良心の自由も侵害しないと主張している。教員がそのような義務を尊重しなければ、教員への信頼喪失につながり、学校への信頼や教育全体を損ないかねないという。

91　退職教員の再任用の差別に関して、政府は、再任用は試験の結果や業務成績に基づいて行われており、任用の決定を行う機関を信頼している、と述べている。

92　組合はその後の合同委員会への提出文書の中で、起立や斉唱の義務づけが日本の法律のもとで違法である理由について追加の議論を提起し、業務命令に反したために懲罰を受けた教員の例や、通達のために苦痛を受けた特別支援学校の児童の例を追加して提供した。政府は最後の提出文書の中で、そのような業務命令が最高裁で支持されたことを繰り返して述べた。また、二〇一五年、東京高裁が、起立斉唱は日本国憲法第一九条の違反ではないことを支持した一方、一部のケースについては教員の停職を無効としたことも付言した。

検討結果

93　合同委員会は、組合と政府の両者が行った説明に事実関係の不一致がほとんどないことに留意する。組合と政府の食い違いのほとんどは、当面の問題が日本の法律のもとで合法かどうかに関するもので、合同委員会には判断する権限がない。合同委員会は、提示された事実関係が一九六六年勧告の原則とどのように関連するかについては検討できる。この点で、この中立から生じる主要な争点は二つあると考えられる。

教員の市民的権利

94　一九六六年勧告のパラグラフ八〇は教員が「市民が一般に享受している市民としてのすべての権利を行使する自由を…有するものとする」ことを強調している。

95　合同委員会は、一九六六年勧告の前文で言及されている世界人権宣言が次のように定めていることに留意する。「すべて人は、意見及び表現の自由に対する権利を有する。この権利は、干渉を受けることなく自己の意見を持つ自由並びにあらゆる手段により、また、国境を越えると否とにかかわりなく、情報及び思想を求め、受け、及び伝える自由を含む」（第一九条）。一九六六年に採択された市民的及び政治的権利に関する国際規約はこの権利についてさらに詳しく定義し、次の追加規定を置いている。

「2の権利の行使には、特別の義務及び責任を伴う。したがって、この権利の行使については、一定の制限を課すことができる。ただし、その制限は、法律によって定められ、かつ、次の目的のために必要とされるものに限る。

（a）他の者の権利又は信用の尊重

（b）国の安全、公の秩序又は公衆の健康若しくは道徳の保護」

合同委員会はさらに、一九七八年の労働関係（公務）条約（第一五一号）第九条が「公的被用者は、その身分及びその職務の性質から生ずる義務にのみ従うことを条件として、他の労働者と同様に、結社の自由の正常な行使に不可欠な市民的及び政治的権利を有する」と規定していることにも留意する。公務における労使関係と団体交渉に関するＩＬＯ一般調査（二〇一三年）が指摘するように、この第一五一号条約の規定は労働組合権と市民的自由に関する一九七〇年のＩＬＯ決議で示された理解に基づくものである。同決議は次のように述べる。

「国際労働機関総会…は、世界人権宣言で定められた、労働組合権の通常の行使に不可欠な以下の市民的自由を特に重視する。（a）身体の安全及び自由並びに恣意的な逮捕及び抑留からの自由、（b）意見及び表現の自由、並びに、とりわけ干渉されることなく意見を持つ自由並びにあらゆる方法によりかつ国境　とのかかわりなく情報および考えを求め、受け、及び伝える自由、（c）集会の自由、（d）独立した公平な　裁判所による公正な裁判を受ける権利、（e）労働組合団体の財産の保護に対する権利」

96　同一般調査はまた、同決議の採択以来、専門家委員会、基準の適用に関する総会委員会および結社の自由に関する委員会が系統的に市民的自由と労働組合権の相関関係への注意を喚起するとともに、真に自由で独立した労働組合運動は組合指導者や組合員へのいかなる種類の暴力、圧力、脅迫もない環境の中でしか発展し得ないこと、また特に政治分野での民主的・多元的な反対意見が法律で禁止されている状況では労働組合がしばしば民主主義の発展の触媒となることを強調してきた。（注1）

97　このような見解に基づき、ＩＬＯ・条約と勧告の適用に関する専門家委員会は、「公務員としての地位から生じる義務およびその職務の性質（特に守秘義務の問題および公務員に課される誠実行動義務を含む）のみに服することを条件として、人権は他の全ての市民と同様に公務員にも適用される」と判断した。（注2）

98　したがって合同委員会は、一九六六年勧告のパラグラフ八〇に掲げられた「市民的権利」は、第一五一号条約および他の人権文書に掲げられた原則の枠組みの中で理解できると考える。したがって合同委員会は、教員には、公務員に課される誠実行動義務と合致する限りにおいて、国旗掲揚儀式に同意せず、反対意見を述べ、かつそれを改めようとする取り組みに参加する一般的な権利があると考える。

99　合同委員会はまた、同勧告のパラグラフ七二が「教員及び教員団体は、生徒、教育活動及び社会一般の利益のために当局と十分に協力するよう努めるものとする」と定めていることにも留意する。

100　すると具体的な問題は、愛国的な式典のさいに起立斉唱することを拒否するということの特定の行為が、どの程度まで、公務員が享受する一般的な市民的権利に含まれる権利であるのか、または誠実性もしくは生徒、教育活動および社会一般の利益のために当局と十分に協力する義務からの逸脱であるのか、ということである。

101　学校現場における学校の式典は教員が公務遂行中の職場であり、そのような職務が誠実に、かつ協力の精神で遂行されるべきであることには疑いがない。権威と規律の維持のために協力的環境が不可欠である教育現場では、生徒や保護者の前で教員が学校の方針に反対して混乱を招くような抗議行動は避けるべきである。この理由から、合同委員会は、例えば教員は教室内で公式カリキュラムの教科書を批判的に扱うことはできるべきであるが、学校現場でそれが間違っているとあからさまに侮辱できるべきではないと考える。日本のような民主主義社会では、そのような対立を教室に持ち込むことなしに教育政策への不同意を表明する適切な手段がある。

102　合同委員会は、学校での国歌斉唱と国旗に向かっての起立が約二〇年前から徐々に始まったことに注目する。

103　斉唱と起立という具体的な行為は似たような微妙な問題を提起するものである。式典である歌を歌ったり旗に向かって起立したりすること、はきわめて個人的な行為であり、旗や歌にこめられていることがある思想や政治的概念を受け入れていることを含意する可能性がある。斉唱や起立を拒否することは、斉唱や起立が規則により義務づけられている場合には混乱をもたらさない不服従の行為とみなされうるが、そのような行為を強制する規則は個人の価値観や意見を侵害するものとみなしうる。

104　合同委員会はまた、愛国的な行為や言動は教育現場に肯定的な要素をもたらしうるという見解にも立つ。こうした要素が特に肯定的なものになるのは、それが自発的に行われた場合である。民主主義社会では、異議を唱える言動の存在それ自体が、愛国的な行為が強制からではなく信念から発しており、それゆえますます意義深いものであることの証拠なのである。

105　以上のことに照らし、合同委員会は、起立や斉唱を静かに拒否することは、職場という環境においてさえ、個人的な領域の市民的権利を保持する個々の教員の権利に含まれるという見解に立つ。合同委員会はさらに、民主主義の文脈においては、拒否の行為で明らかに混乱をもたらすようなものがあれば、勧告に定められた誠実協力義務と合致しないと判断する。したがって、合同委員会は、愛国的な式典が混乱なく行われることを可能にし、しかし追従していることを表す特定の言動への参加に違和感を覚える教員にも対応できる解決策を模索するよう勧告する。

教員に対する懲戒措置

106　勧告のパラグラフ四七は以下のように定める。

「教職上の非行のあった教員に適用される懲戒のための措置は、明確に定められるものとする。その審査及び結果は、教職の禁止を伴う場合又は生徒の保護若しくは福祉のために必要がある場合を除き、当該教員の要請がある場合にのみ公開されるものとする」

107　同勧告はさらに次のことを提案している。「教員の職務遂行に関する職業上の基準は、教員団体の参加の下に、定められ、かつ、維持されるものとする」（パラグラフ七二）。さらに、「当局は、教員が同僚の参加の下に審査される場合には懲戒及び懲戒の保障の効果が著しく高められるということを認識するものとする」（パラグラフ五一）。

108　本件における両当事者の提出文書からは、愛国的式典の際の振る舞いに関する職業上の基準が成文化されているようには思われず、そのような職業上の基準の策定に教員団体が関わっていたとも思われない。懲戒措置が同僚の関与の下で取られていたようにも見えない。他のケースと同様、合同委員会は、勧告のパラグラ五一に定められている原則をあらためて強調する。

その他の検討事項

109　政府は、起立斉唱の要件は生徒の特別なニーズを考慮したものであり、それに応じた変更が可能　であると主張するが、組合側は、愛国的な式典の間に教職員が障がいを持った生徒を介護できないために生徒が苦痛を受けた例を複数挙げている。政府は、この問題については適切な指導が行われていると主張するが、生徒に不利益となった個々の事件が発生したという主張には反駁していない。合同委員会は、もし実際にすべての教員と生徒が愛国的式典の際に起立するよう求められているのだとすれば、障がいをもつ教員と生徒に困難を生じさせかねない状況が発生し得ることに、懸念をもって留意する。

110　合同委員会は、ＩＬＯ理事会とユネスコ執行委員会が日本政府に対して次のことを促すよう勧告する。

（ａ）愛国的な式典に関する規則に関して教員団体と対話する

機会を設けること。このような対話は、そのような式典に関する教員の義務について合意することを目的とし、また国旗掲揚および国歌斉唱に参加したくない教員にも対応できるようなものとする。

（b）消極的で混乱をもたらさない不服従の行為に対する懲罰を避ける目的で、懲戒手続について教員団体と対話する機会を設けること。

（c）懲戒審査機関に同僚教員の関与を得ることを検討すること。

（d）現職教員研修が、引き続き教員の職能開発を目的として実施され、懲戒または懲罰の手段として利用されないことを確保するため、現職教員研修に関する政策および実務を再検討しかつ改革すること。

（e）障がいを持った生徒および教員ならびに障がいを持った生徒を支援する者のニーズに照らし、愛国的式典に関する要件を再検討すること。

（f）上記勧告に関する取り組みについて合同委員会への通知を怠らないこと。

注1　ＩＬＯの『公務における労使関係と団体交渉に関する一般調査』２０１８年21ページ、パラグラフ80。

注2　同上、21ページ、パラグラフ81。

資料⑤ セアート勧告（二〇二二年）

原文：英語　日本語訳：アイム'89東京教育労働者組合、「日の丸・君が代」ＩＬＯ／ユネスコ勧告実施市民会議　ＩＬＯ／ユネスコ教職員勧告適用合同専門家委員会（ＣＥＡＲＴ）第一四回会期最終報告抜粋

背景

157　本節は第一三回合同委員会で検討された申立についてのフォローアップである。東京に本部のある独立教員組合であるアイム'89教育労働者組合から提出された最初の申立は、基本的に、学校の式典の際に起立して国歌（君が代）を歌い、国旗（日の丸）に敬礼せよという職務命令に従うことを拒否した教員に課せられる懲戒処分をめぐるものであった。

158　合同委員会は、愛国的式典を中断なく行いつつ、特定の遵守の行為に参加することに不快感を覚える教員に配慮できる解決策を探るよう勧告した。合同委員会はまた、懲戒の仕組みや方針に関連して一連の勧告を策定した。合同委員会はそれらの勧告に関する努力を随時知らせるよう要請した。二〇二〇年一二月から二〇二一年四月までの間に、合同委員会はアイム'89からの複数のフォローアップの通信を受け取り、それらに対して政府が二〇二〇年七月三〇日と二〇二一年八月三一日に応答文書を送付した。

アイム'89によるフォローアップ通信

159　アイム’89が提出したフォローアップ通信は、新たな事実を提起するというより、前回の合同委員会が行った勧告の実施状況に焦点を当てたものであった。アイム’89は、当局が公式の会合を組織し、組合との意見交換ができたと報告する一方、勧告に関する進展がないことを遺憾としていた。

160　全体として、組合は当局による合同委員会勧告の位置づけ、とりわけ前回の合同委員会報告を学校当局に知らせる努力が欠けていることに批判的である。主として三つの問題が合同委員会に提起された。

161　組合によれば、文部科学省は関係地方当局に、合同委員会報告を英語の原文のまま翻訳文を付けずに送ったため、読みやすさと普及範囲が大幅に狭められた。送られた合同委員会報告には文部科学省からの指導文書もなく、懲戒処分を行う権限を有する教育委員会のメンバーは報告の内容を知らされず、一九六六年勧告が定めた原則をよりよく実施し促進するための適切な指導を受けていなかった。組合はこれが、地方当局が立場を変えず、こうした問題について労使の対話を行うことを拒否し続けている理由であると考えている。

162　組合によれば、文部科学省は、合同委員会報告が地方の特殊な状況に関するものであり、いずれにせよ同報告はオンラインで閲覧できるとして、合同委員会報告を普及することを拒否している。

163　中立の内容面では、組合は相変わらず教員が退職後に慣例の欠員補充の再雇用をされないケースを報告している。式典中に起立斉唱を拒否したために懲戒処分を受けた記録があるためである。加えて、学校式典中に同様の義務を課せられるため、障がいを持つ生徒の状況には引き続き問題がある。こうした問題に関する組合と当局との対話については、一九六六年勧告の解釈の違いが一貫してあると報告されている。

政府の応答

164　政府は応答の中で、アイム’89が合同委員会に知らせた通信の中で、文部科学省の見解の一部と一部事実が誤って書かれていると指摘した。政府はまず、最初の中立に関する政府の立場を再確認し、日本の法の下ではこうした慣行が合法であることに言及した。起立斉唱義務は国内法令に従っており、生徒や教員の思想や良心の自由を侵害するものではない。さらに、公務員として教員は管理者からの命令に従うことを義務づけられている。政府は一九六六年勧告には「…必ずしも国内法令や日本の現行法と合致しない一部詳細事項が含まれている…」と指摘する。政府はまた、国家と地方当局との役割と責任の振り分けに従い、後者が教育の権限と責任を有していることを強調する。

165　情報共有の問題に関しては、政府は関係する都道府県の教育委員会に「…第一三回ＣＥＡＲＴ報告と密接に関連しているとみなされる…」情報を提供していると指摘している。

166　この問題に関し、政府は、ＩＬＯのウェブサイトを通じてオンラインで読めるという理由で合同委員会報告を地方当局や日本国民と共有しないという意図を表明したことはないと否定した。しかし、政府は同報告が少数の地方の条件に固有な状況を扱っていると考えており、従って情報をすべての地方当局や国民に開示する必要はないと考えていることは認めた。二〇二〇年には国旗と国歌に関連して懲戒処分が行われたケースは一つしかないとも追記している。

合同委員会の見解

167　まず第一に合同委員会は組合と政府から提出された情報が一致していることから、対話の最初の形態が実現したことを示していると歓迎したい。こうした対話の機会は時間的にも対象範囲的にも限られたもののように見えるが、合同委員会としてはこれが積極的な一歩であると考え、両者がその方向で協力するよう促すものである。

168　しかしながら、合同委員会は、勧告に関する進展が遅々としていて、政府と組合との見解の相違が依然大きいことを懸念している。この点で、合同委員会は、同報告を労使対話のベースとして活用するよう、これまで出された勧告を改めて強調する。

169　合同委員会は報告の日本語版がないことが現場での読みやすさと普及を制限しているというアイム'89の議論に注目する。政府はこの点で見解を異にしていた。合同委員会は、適切な用語や解釈レベルを判断するという難題を考えれば、報告書の翻訳がデリケートなプロセスになりうるということは理解する。しかし、合同委員会は当局と組合とが協力して行うそうしたプロセスがそれ自体、焦眉の問題に関して対話を行い、より建設的な労使対話につながる機会となるかもしれないと信じるものである。

170　合同委員会はさらに、一九六六年勧告の適用可能性に関する政府の立場にも注目する。それは合同委員会が検討してきた日本に関わる申立に共通する、長期にわたり繰り返されているもう一つの問題である。政府は一九六六年勧告の一部側面が国内状況や国内法令と合致しないという従前からの立場を再確認し、懲戒処分の合法性に関する裁判所判決に言及している。

171　前回の報告で述べたように、合同委員会としては日本の法律におけるこの問題の合法性を決定する権限はないが、一九六六年勧告の原則と事実がどのように関連するかは検討できることを想起する。拘束力のない文書ではあるものの、一九六六年勧告は、国際基準の形で教員の権利と責任を定めようとしたＩＬＯとユネスコ全加盟国による記念碑的な努力を反映したものである。加盟国が全員一致で採択した規範的文書という地位は、一九六六年勧告に重要な政治的道徳的迫力を与えている。合同委員会はまた、一九六六年に同勧告を採択した教員の地位に関する特別政府間会議に参加したＩＬＯとユネスコの両者に日本が加盟していたことを想起したい。標準的な国際文書として、その基準はすべての国に適用されることを意図している。上記にかんがみ、合同委員会としては、意見の相違や一九六六年勧告の理解の相違を乗り越え、その原則を促進し実施できるようにすることを目的として、労使の対話を通じ、具体的な措置を探ることを勧告する。

172　合同委員会はこの中立に関わる効果的な情報共有とは、合同委員会の見解と同勧告をどのように理解し実施すべきかについて地方当局と適切な指導を共有することも意味するという見解である。従って、合同委員会は、合同委員会報告の日本語版を地方当局と共有する際にはその当局向けの適切な注釈や指導も併せて行うことを勧告する。

合同委員会の勧告

173　合同委員会は、ＩＬＯ理事会とユネスコ執行理事会に対し、日本政府が以下のことを行うよう促すことを勧告する。

（a）本中立に関して、意見の相違と一九六六年勧告の理解の相違を乗り越える目的で、必要に応じ政府および地方レベルで、教員団体との労使対話に資する環境を作る。

（b）教員団体と協力し、本中立に関連する合同委員会の見解や勧告の日本語版を作成する。

（c）本中立に関して一九六六年勧告の原則がどうしたら最大限に適用され促進されるか、この日本語版と併せ、適切な指導を地方当局と共有する。

（d）懲戒のしくみや方針、および愛国的式典に関する規則に関する勧告を含め、本中立に関して合同委員会が行ったこれまでの勧告に十分に配慮する。

（e）上に挙げたこれまでの勧告に関する努力を合同委員会に逐次知らせる。

資料⑥　自由権規約第一八条

1　すべての者は、思想、良心及び宗教の自由についての権利を有する。この権利には、自ら選択する宗教又は信念を受け入れ又は有する自由並びに、単独で又は他の者と共同して及び公に又は私的に、礼拝、儀式、行事及び教導によってその宗教又は信念を表明する自由を含む。

2　何人も、自ら選択する宗教又は信念を受け入れ又は有する自由を侵害するおそれのある強制を受けない。

3　宗教又は信念を表明する自由については、法律で定める制限であって公共の安全、公の秩序、公衆の健康若しくは道徳又は他の者の基本的な権利及び自由を保護するために必要なもののみを課することができる。

4　この規約の締約国は父母及び場合により法定保護者が、自己の信念に従って児童の宗教的及び道徳的教育を確保する自由を有することを尊重することを約束する。（外務省仮訳）

資料⑦　自由権規約　条約機関の一般的意見

22（一九九三年採択）　一八条　思想・良心・宗教の自由

8　第一八条第三項は、法律で定める制限による場合であって、公共の安全、秩序、健康もしくは道徳又は他の者の基本的な権利及び自由を保護するために必要である場合に限って、宗教又は信念を表明する自由の制限を認めている。宗教又は信念を受け入れ又は有することを強制されることからの自由、ならびに父母及び保護者が宗教的及び道徳的教育を確保する自由は制限されない。制限を許容する条項の範囲を解釈するについては、締約国は、第二条、第三条及び第二六条の、平等及びいかなる理由によっても差別されない権利などの規約によって保障されている権利を保護する必要性から考えを進めなければならない。課される制限は法律によって定められていなければならず、第一八条において保障される権利を侵害する方法で適用されてはならない。委員会は、第一八条第三項は厳密に解釈されるべきであると考える。制約は、たとえそれが、国の安全等、規約で保護されている他の権利の制限の根拠として認められるものであっても、本条項に定められていないものを根拠として認められてはならない。制限は規定された目的のためにのみ適用され、かかる制限の根拠となる特定の必要性事由に直接関連しまたこれと比例していなくてはならない。制約は差別的な目的で課されてはならず、また差別的な方法で適用されてはならない。委員会は、道徳の概念が多くの社会的、哲学的及び宗教的伝統に由来すると考える。従って、道徳を保護するための宗教又は信念を表明する自由に対する制限は、単一の伝統のみに由来しない原則に基づかなければならない。被拘禁者など、すでに特定の適法な拘束を受けている者は、かかる拘束に特有の性格と両立する最大限の範囲において自己の宗教又は信念を表明する権利を継続して享有することができる。締約国の報告には、第一八条第三項に基づく制限の全ての範囲及び効果について法律がどうなっているか、また具体的な状況における制限の適用がどうなっているかの情報が含まれるべきである。

34（二〇一一年採択）一九条　意見及び表現の自由

22　第三項は一定の条件を定めており、この条件を満たす場合に限り制限を課すことができる。その制限は「法律によって定められ」るものでなければならず、第三項（a）号及び（b）号規定のいずれかの根拠がある場合に限り課すことができ、必要性と比例性の厳格な基準に適合しなければならない。制限は、たとえそれが規約で保護されている別の権利の制限根拠として正当化されるものであっても、第三項に規定されていないものを根拠としては認められない。制限は、所定の目的のためにのみ適用され、かつ、制限の前提となる具体的な必要性事由に直接関連するものでなければならない。（日本弁護士連合会仮訳）

資料⑧　日本国憲法

第九八条〔憲法の最高法規性、国際法規の遵守〕

２　日本国が締結した条約及び確立された国際法規は、これを誠実に遵守することを必要とする。

《年表》

人権条約日本報告審査に出された「日の丸・君が代」レポートおよび関連事項

（作成：渡辺厚子）

2007年12月　第5回「自由権」日弁連レポート

2008年3月　第5回「自由権」国際人権活動日本委員会（以下「日本委員会」）レポート

2008年5月　第5回「自由権」「日本委員会」「日本からの民の声」レポート▼東京の都立高校における国旗・国歌の強制（東京・教育の自由裁判原告団）▼板橋高校「君が代」強制反対刑事弾圧事件（藤田先生を支援する会）▼都立大泉養護学校での絵ブラウス・起立処分問題（東京都立北養護学校：渡辺厚子）

2008年10月　「日本委員会」追加レポート

2008年10月　第5回「自由権」審査　東京・教育の自由裁判原告団参加

2009年11月　第3回子どもの権利条約市民・NGO報告書をつくる会レポート▼東京・教育の自由裁判原告団（高校編／障がい児学校編）

2012年3月　第3回「社会権」「日本委員会」レポート作成協力▼東京・教育の自由裁判をすすめる会（以下「すすめる会」）

2012年4月　第2回UPR「日本委員会」／「すすめる会」共同報告

2013年6月　第6回「自由権」日弁連レポート

2013年7月　第6回「自由権」「日本委員会」レポート作成協力▼「すすめる会」▼君が代不起立個人情報保護裁判原告団および同裁判を支援する会

2013年7月　板橋高校卒業式事件から「表現の自由」をめざす会（以下「板橋の会」）レポート

2013年10月　第6回「自由権」事前審査　「すすめる会」、「板橋の会」参加

2013年11月　第6回「自由権」リストオブイシュー発表「17　教職員が学校の儀式において起立して国歌を斉唱することを拒否することにより、賃金カットや停職、そして解雇を含む処罰の対象になっているとの報告に関してコメントをしてください」

2014年6月　第6回「自由権」「日本委員会」最終レポート　作成協力▼「すすめる会」▼国連に障がい児の権利を訴える会（以下「訴え

る会」）▼君が代不起立個人情報保護裁判原告団および同裁判を支援する会

2014年6月　「板橋の会」追加レポート

2014年7月　第6回「自由権」本審査「すすめる会」、「板橋の会」、「訴える会」参加

2014年7月　アイム'89東京教育労働者組合（以下アイム）、ILO本部訪問

2014年8月　自由権規約委員会第6回総括所見発表
「22　委員会は、前回の総括所見（CCPR/JPN/CO/5. パラ10）を想起し、第一八・一九条の第三段落における厳しい条件を満たさない限り、思想、良心、宗教の自由や表現の自由の権利に対するいかなる制約をも押し付けることを差し控えるように、締約国に強く求める」

2014年8月　アイム、セアートへ「日の丸・君が代」問題申し立て

2015年3月　アイム、ユネスコ本部／ILO本部訪問

2016年3月　なかまユニオン、セアートへ「日の丸・君が代」問題など申し立て

2017年3月　第3回UPR「日本委員会」レポート

2017年7月　第7回「自由権」事前質問事項作成のための日弁連レポート

2017年9月　第7回「自由権」事前質問事項作成のための「日本委員会」レポート　作成協力▼「すすめる会」▼「訴える会」▼個人情報保護条例を活かす会（神奈川）

2017年11月　第7回「自由権」リストオブイシュー発表
「26　二〇〇三年の東京都教育委員会により発出された教員と生徒に対して10・23通達を強制するためにとられた措置と規約との整合性を説明してください。その措置には儀式において生徒の起立を強いているという申し立てと教員に対する経済的制裁も含まれています」

2017年11月　第4・5回子どもの権利条約市民NGOの会レポート▼「訴える会」

2018年10月　セアート第13会期最終報告書採択

2019年1月　第4・5回子どもの権利条約審査　委員から子どもへの起立斉唱強制について質問

2019年3月　ILO／ユネスコから「日の丸・君が代」
4月　強制中止勧告

2019年7月　第1回障害者権利条約「訴える会」レポート

2019年9月　第1回障害者権利条約事前審査「訴える会」参加

２０１９年９月　アイム、ＩＬＯ本部訪問

２０１９年12月　セアートへアイムフォローアップレポート

２０２０年３月　「日の丸・君が代」ＩＬＯ／ユネスコ勧告実施市民会議（以下「市民会議」）発足

２０２０年７月　第７回「自由権」日弁連レポート

２０２０年11月　第７回「自由権」「日の丸・君が代」強制反対・大阪ネットレポート

２０２０年12月　セアートへフォローアップレポート「市民会議」／アイム連名で提出

２０２１年１月　第７回「自由権」「日本委員会」レポート作成協力▼「すすめる会」▼「訴える会」

２０２１年３月　セアートへフォローアップレポート「市民会議」／アイム連名で提出

２０２１年４月　第７回「自由権」「市民会議」レポート

２０２１年４月　セアートへフォローアップレポート「市民会議」／アイム連名で提出

２０２１年６月　セアートへフォローアップレポート「市民会議」／アイム連名で提出

２０２１年10月　セアート第14会期最終報告書採択

２０２２年６月　二度目のＩＬＯ勧告（11月ユネスコ勧告）

２０２２年６月　第４回ＵＰＲ「市民会議」レポート、五五カ国駐日大使館への働きかけ

２０２２年６月　第４回ＵＰＲ「日本委員会」他、六団体共同提出レポート

２０２２年８月　第１回障害者権利条約審査　「訴える会」参加　委員より「日の丸・君が代」代替措置に関して質問

２０２２年９月　第７回「自由権」「市民会議」追加レポート　「日本委員会」追加レポート　作成協力▼「訴える会」

２０２２年10月　第７回「自由権」ブリーフィング発言「市民会議」、「日本委員会」

２０２２年11月　自由権規約委員会勧告

「日の丸・君が代」ＩＬＯ／ユネスコ勧告実施市民会議
ブックレット執筆者（執筆順）

澤藤統一郎（さわふじ・とういちろう／弁護士）

山本紘太郎（やまもと・こうたろう／弁護士）

吉野典子（よしの・のりこ／元都立高校教員）

金井知明（かない・ともあき／弁護士）

渡辺厚子（わたなべ・あつこ／元特別支援学校教員）

大能清子（おおの・きよこ／都立高校教員）

竹内修（たけうち・おさむ／特別支援学校教員）

国際人権から考える「日の丸・君が代」の強制
セアート勧告と自由権勧告

2023年10月10日　初版第1刷

編　者　「日の丸・君が代」ILO/ユネスコ勧告実施市民会議
発行者　川上　隆
発行所　株式会社同時代社
〒101－0065　東京都千代田区西神田2－7－6
電話 03(3261)3149　FAX 03(3261)3237
組　版　有限会社閏月社
印　刷　中央精版印刷株式会社

ISBN978-4-88683-954-1